本田 健
Honda Ken

20代にとって大切な17のこと

きずな出版

はじめに――20代、この時代をどう生きますか？

この本を手に取ってくれたあなたは、いま何を感じて生活しているでしょうか？

毎日ワクワクしている？
それとも、退屈な毎日が続いている？
うまくいかないことがあって、気分が上がらない？
最悪の状態で、うつっぽくなってる？

あなたがどういう状態でも、それが、いまのあなたです。
まずは、そこからスタートしましょう。

20代の気分は、秋の天気のように、快晴になったり、曇りになったり、小雨になったりします。時には、台風が来て暴風雨になることもあります。

それだけ、感情的な上下があるのが20代です。

好きな人に告白したら、相手も同じ気持ちだったことがわかって、天にものぼる気持ちになる日もあります。これまでの人生で、最高の瞬間でしょう。

そうかと思えば、第一志望の会社に不採用になったり、親が病気で倒れたり、経済的な理由で大学をやめなくてはいけなくなるかもしれません。

大好きな人にフラれたり、お金を失ったり、バイトをクビになったり、事故に遭《あ》ったり、ということもあるでしょう。そんな日は、人生最悪で、自分の運命を呪《のろ》うかもしれません。

生まれてこなければよかったと、真剣に思いつめる人だっています。

そういうムードスイングは、感情のバロメーターの感度がよすぎるために起きます。

40代、50代にもなると、その回路が鈍化《どんか》し、ショックなことがあっても、それほど動揺しなくてすむようになります。その代わり、あまり感動することもなくなります。これを

「鈍感力」といいます。おじさん、おばさんたちは、自分の身を守るために、自然にそうなってしまったのです。残念ながら、彼らは、20代の人たちみたいに、大笑いしたり、感動したり、悲しくなって絶望したりすることが、めっきり減ってしまっています。

それは、あなたのまわりの大人を見てもわかるでしょう。人生の厳しい現実が、人間らしさ、心のみずみずしさ、素直さを少しずつ奪《うば》って、退屈な人間にしてしまうのです。あなたから見たら、「何が楽しくて生きているんだろう?」と思うかもしれません。まさにその通りで、楽しいことがなくても、人は、死なないで生きていくのです。

もしかしたら、あなたは、まわりの感じやすい友人たちの対極にいる「心を凍《こお》らせて生きている人種」かもしれません。そういうタイプは、同世代の友人が笑ったり泣いたりすることが理解できず、青春ドラマが、遠くの物語のように感じています。

受験戦争で頭でっかちになっていると、自分が喜んだり、ワクワクしたり、悲しんだりという感情の回路を使わずに生活するようになっています。そのまま就職すれば、こんどは、何も感じないまま仕事をするようになってしまうかもしれません。

いまの世界では、大半の人が人生の目的も持たず、日常をなんとかやりすごしています。

仕事や育児、介護などに追われ、生活していくので精一杯です。環境や貧困をはじめとするグローバルな問題が手つかずのままなのは、このためです。

10代の頃のあなたは、そういうことに憤《いきどお》りを感じたり、もっとなんとかならないかと、少しは考えたりしたことがあったかもしれません。

「教育や経済、社会の仕組みが、もう少し人に優しかったら、苦しむ人が減るのに……」と、理想的な世界を夢想した人もいるのではないでしょうか。

あんまり社会的なことを考えないタイプでも、いまの社会が何かおかしいことには、なんとなく気づいていたでしょう。

そんなあなたも、受験を経《へ》て、専門学校や大学に進み、少し年を取りました。「社会が……」「大人が……」と批判的だったあなたも、向こう側の人間になりつつあるのです。そして就職したら、一社会人として、この矛盾《むじゅん》だらけの社会に組み込まれます。それが、大人になっていくということです。10代で社会に出た人は、すでにそのことを実感しているかもしれません。

たいていの人が、10代の意識を引きずったまま、20代になります。17〜18歳の頃は、親や学校や社会を批判していれば、なんとかなりました。鬱憤《うっぷん》も晴らせたかもしれません。でも、自分がだんだん大人になるにつれ、自由に相手を批判する立場を失っていきます。

それは、ある意味で〝加齢詐欺《さぎ》〟に遭ったようなものです。

つまり年を取れば、いいことがあるはずだったのが、そうでもなかった、ということです。ついこのあいだまで、元気いっぱいで希望にあふれていたのが、いつのまにか、なんでも可能だと感じさせてくれる魔法の薬の効果が消えていきます。2、3日寝なくても平気だった体力はなくなり、情熱さえ減ってしまった自分に、愕然《がくぜん》とするのです。

キャンパスをウロウロする新入生や、社会人になりたての後輩を見るにつけ、「年を食ってしまったなぁ」「もう青春は終わった」と感じて、甘酸《ず》っぱいような気分を味わうわけです。

少し前までは、夢や理想があったかもしれませんが、社会人になったら、そんなものはことごとく消えて、甘えは許されません。やるべきことがドッと襲ってきて、それをこなすだけで、一杯いっぱいになるのが、20代です。

さらに、あなたは「時代」という名の波に巻き込まれていきます。

コロナ禍《か》は、一つの時代の波です。

この時代の波をどう渡っていくのかが、これからの人生です。

泳いでいく人もいれば、船に乗っていくという人もいるでしょう。大きい船を選ぶ人もいれば、ヨットのような小舟のほうが面白そうだと思う人もいるでしょう。

誰とその旅に出るのかも大切です。

人生の旅のしかたは、十人十色で、いろいろあっていいと思います。

あなたには、あなたの生き方があるからです。

そもそも、危険な目に遭いたくないので、家から出たくない人もいるかもしれません。

それも悪くはありません。どうするかは、あなたが選んでいいのです。

そうは言っても、自分の道を選ぶには、もっと情報が必要です。

それぞれの道で、どれを選ぶと、どんな感じになるのか――事前に知っておけば、選びやすくなるでしょう。

なぜ、僕がこの本を書いたかといえば、30年前、自分が20代のときに、こういうことを知っていたら苦しまなくてすんだのになぁと思うことが、たくさんあるからです。

僕は、たぶん皆さんの親と同じくらいの世代ですが、かつては20代だったことがあります（笑）。当時は希望を持って、いろいろトライしても失敗の連続。恋愛も結婚もうまくいかず、死にたくなるようなことが何度もありました。

そのつど、バラバラになった心の破片《はへん》をかき集め、なんとか20代をやりすごしました。

もう恋愛、結婚なんて一生考えたくないと絶望していましたが、少しずつ癒《い》やされていきました。まわりの友人、先生たちのおかげです。

そして、20代の後半に愛する女性に出会い、結婚して娘も生まれました。若くして経済的自由を手に入れ、育児セミリタイアの4年間を経て、作家、講演家になりました。

それから20年たった今、２００冊の本を出版し、世界で８００万部売れています。

去年には、英語で本を書き、アメリカ、オーストラリア、イギリスで同時出版されました。20代からの夢が叶《かな》ったのです。いま、英語で出版した本は、世界40ヵ国で展開されています。中国語はもちろん、スペイン語、ロシア語、ポルトガル語、ドイツ語、オランダ語、ベトナム語など16言語に翻訳されています。

外から見たら、すごく成功して何の問題もないように見えるかもしれませんが、50代の今でも、毎日のようにヘコむことはたくさんあります。それでも、そこそこ楽しくて、幸せな日々を送っています。心はまだまだ20代（笑）なので、いまでも自分の夢を追いかけては、時に喜び、悲しみ、落ち込んでいます。

僕は、あなたのご両親とは少し生き方が違うかもしれませんが、本書でお話ししていくことは、遠い親戚のおじさんの話くらいに聞いてもらったら、うれしいです。

時には押しつけがましい話も出るかもしれませんが、それは、あなたの幸せを心から願っているからで（それがウザイかもしれないけど）、熱が入りすぎたら許してください。おじさんとは、だいたいそういうものなのです。

僕はあなたの30年先を生きています。

これまでに、普通の人の何倍も、たくさん失敗して、たくさん成功してきました。そういう人間の話を聞くことは役に立つと思います。お金も何十億円も稼いだし、投資やビジネスで失敗して何億円も損をしてきました。

お金持ちになる道は、平坦《へいたん》ではありません。多くの波を乗り越えなければいけません。積み立て貯金を30年しているうちに、お金持ちになった人はいないのです。別にお金持ちになれと言っているわけではありませんが、お金は自由と同じで、持ってみないとわからないものです。実際に手に入れた人から話を聞くのが、それについて知る、唯一の方法とも言えるかもしれません。

僕は作家としてだけでなく、ビジネスオーナー、投資家としても、たくさんの成功者と、それとは反対の、つらい人生を生きている人の両方に接してきました。

なので、普通の人よりも、個人的に成功と失敗を体験してきたし、ごく間近でえげつないほどの人間ドラマをたくさん見てきました。

そういう体験から、本音で若いあなたに、語りかけるつもりです。

40代以上の人には、もう手遅れなことも、あなたの年齢であれば、何でもできます。かなり突っ込んだ話もすると思いますので、時には、気分が悪くなるかもしれません。

つらくなったら本を閉じてくださいね。でも、それまでは、しばらくつき合ってみてください。きっと参考になることもあると思いますよ。いや、そうだったらうれしいなと、ドキドキしています。

いま、世界中の人が生き方に迷っています。それは、これまでのルールがまったく変わりつつあるからです。

あなたのご両親も、まわりの大人も、100年に一度の大変化の中で、どうしていいかわからない状態になっているかもしれません。

時代の先を読むには、歴史や先人の体験から学ぶのが一番です。この本の中で、歴史の話が何度も出てくるのは、そういう理由からです。

僕の話を聞いたあとで、どうするかを決めるのは、あなたです。

たくさん話を聞いて、それを参考にして、ベストな選択をしてください。

さあ、準備はいいですか？

あなたの「20代」にとっての大切なことを見つけに行きましょう。

◎目次

はじめに――20代、この時代をどう生きますか？ 002

［1］新しい変化を歓迎する 025

□非常時には、非常時の生き方がある 026
□いままでとは違う「正解」を探していこう 028
□変わること、すべてに「YES」と言おう 030
□変化していく先に、成長がある 034

［2］時代の先を読む 037

□「世代的な宿命」を受け入れる 038

□時代の流れに、個人は逆らうことができない 041
□波に乗れるか、波にのまれるか 045
□時代の流れが変わるときこそチャンス！ 048

〔3〕社会の仕組みを知って、自分がどこに属するかを決める

051
□社会の仕組みとは？ 052
□自分が社会とどう関わっていくか 057
□不平等だけど、世界には正義も優しさもある 061

〔4〕自分の才能を見つけ、自分で育てる

065
□あなたの才能の原型を仕事に生かす 066
□あなたには、すごい才能が眠っている 070

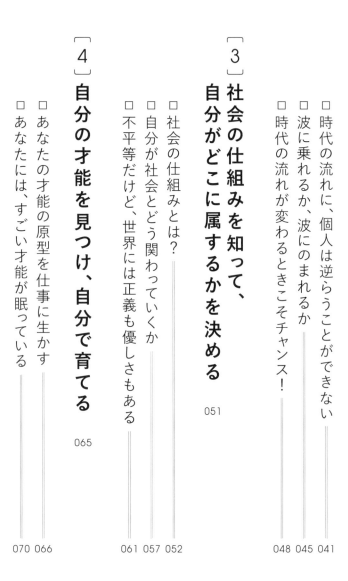

□才能は、光が当たらないと埋もれたままになる 074
□自分の才能を分かち合える人が、幸せに成功できる 077

[5]「人間関係が幸せのカギ」と知る 081

□人生は、すべて人間関係で決まる 082
□人間関係は幸せの原因にも、不幸の原因にもなる 085
□誰かに不義理をすると、あとでツケがまわってくる 088
□これからの人脈があなたの未来を開く 091

[6]メンターを見つけ、教えを受ける 095

□メンターを持つことで人生は変わる 096
□「憧れる人」で、あなたの人生の方向が決まる 098
□メンターは、身近な人から選ぶのがいい 100

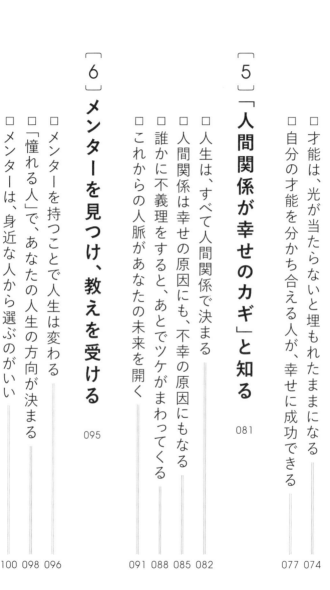

□メンターにかわいがられるコツ　103

［7］プラスとマイナスの感情のパワーを知る　105

□感情の影響力のすごさとは？　106
□ポジティブなパワー、ネガティブなパワー　109
□「ふだん感じていない感情」が、あなたの人生を支配する　112

［8］社会への「発信の作法」を学ぶ　115

□自分のプライベートを、どこまで露出させますか？　116
□マウンティングするより、自分の弱さを見せよう　119
□1分間スピーチをマスターしておく　122
□「人を動かす文章」が書けると、一生食べていける　124

［9］お金と、ちゃんと向き合う 127
□自分にとって「お金とは何か？」を考えてみる 128
□お金のことで人に感謝されたり、恨まれたりする 132
□お金のIQ、お金のEQを高める 136
□お金に振りまわされない人生を生きる 139
［10］仕事に「人生を盗まれない」よう気をつける 141
□どれくらい仕事をするのか考えておく 142
□「努力」と「出世」の法則を知る 147
□できれば、自分の好きなことを仕事にしよう 150
□スタート地点で、ゴールを想像しておく 153

〔11〕「小さなこと」に、心をこめる 155
□心が変われば、行動が変わる 156
□好きなことが多いほど、人生は楽しくなる 159
□「ワクワクが止まらなくなること」を思い出そう 162

〔12〕家族について考える 165
□家族とのつながりが、あなたの人生の基盤になる 166
□親のことで知らないことは多い 169
□兄弟姉妹との関係が、仕事にも影響している 172
□家族との癒やしは一生続くテーマ 175

〔13〕愛の意味を知る 177

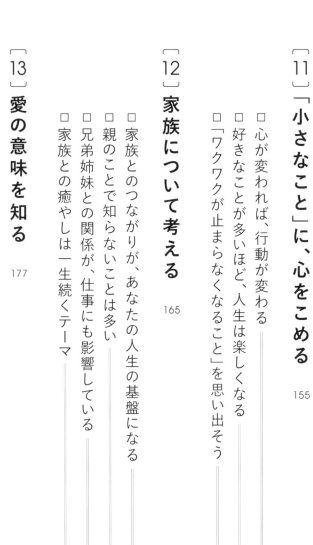

□自分にとっての愛とは何か 178
□恋愛と友情についても考えておこう 181
□本当の愛とは？ 184
□ハートブレイクを経験した人は強い 186
□断られるのを覚悟で、大好きな人に告白してみよう 189

[14] ヤバいくらい大きな夢を持つ 191

□いま、何でもやっていいと言われたら？ 192
□個人的な夢、社会的な夢 195
□大きな夢を見ることのパワー 198

[15] 「ダメダメな自分」を受け入れる 201

□どんな人も「ダメダメな自分」とは向き合いたくない 202

□どうして「自分はダメな人間だ」と思ってしまうのか？ 204
□自分の弱さを認めると気持ちが楽になる 206
□セルフイメージを高めるには？ 209

〔16〕迷ったら、飛び込む！ 211

□いっぱい迷うことが多いのが人生 212
□迷ったとき、どうやって決めるか 215
□失敗しない計算ばかりしていると、人生がつまらなくなる 218
□何も計算せずに、面白そうなことをやってみよう 221

〔17〕「人生の目的」を考え始める 225

□どうやったら、人生の目的は見つかるのか？ 226
□いちばん苦しんだことに「人生の目的」のヒントがある 230

□宿命と運命をどう考えるか　232
□自分にとっての素晴らしい人生をスタートさせる　234

おわりに――**人生を切り開いていこう！**　236

20代にとって大切な17のこと

〔1〕

新しい変化を歓迎する

□ 非常時には、非常時の生き方がある

いま、世界が大きく変わりつつあります。

2020年の春から始まった新型コロナウイルスの感染拡大で、世界の多くの地域で、ロックダウンが繰り返され、経済が大きく停滞しました。

それに伴い、国際的な渡航が大幅に制限されました。戦後約80年のあいだで、これだけグローバルに国境が閉ざされたのは初めてのことです。

それまで日本に来ていた外国人の数は1日平均10万人だったのが、1000人ほどにまで落ち込みました。つまり99・9パーセントの外国人が来なくなったわけです。外国からの観光客をあてにしていた人にとっては、売り上げが一瞬にして蒸発した、といっても過言ではありません。京都や北海道のニセコなどでは、外国からの観光客で成り立っていた

店も多かったようですが、そういう店やホテルの多くが廃業寸前となり、実際に廃業まで追い込まれたところもあります。

不況の大波は、アパレル業や小売業ものみ込みつつあります。毎日のように、いろんな会社のチェーン店が何十店舗も閉店するというニュースが流れています。

それほど影響を受けていない業界もありますが、時代が大きく変わるときは、時間差で、すべての人の生活を大きく揺らしていきます。

あなたも、いずれ、その余波を受けることになるでしょう。

10代、20代では、まだそれを実感できない人が多いかもしれませんが、社会に出ていくことで、その波を大なり小なりかぶることになります。

そういう時代にあなたは、「20代」という時代を生きなければならないのです。

平和な時代なら、何も考えなくても、それなりの人生を送ることは可能でした。

けれども、いまのような激動の時代には、とにかく「生き抜く」ということを決めないと、命さえ危険にさらされることがあります。

いまの20代にとって大切なことは、まずは、それを覚悟することです。

□いままでとは違う「正解」を探していこう

時代の変化によって、お金や仕事、人間関係、恋愛などで「正解」だったことも変わっていきます。

これからのあなたは、自分なりの正解を探しながら、新しい生き方を模索することになります。いままでとは、まったく違って、新しいことが始まると言っていいでしょう。

たとえば、約150年前の明治維新で江戸時代が終わったとき、人はどう反応したと思いますか?

それまで絶対だった士農工商の身分が取り払われ、すべてのことは法律によって決められていくことになりました。「ちょんまげ」はなくなり、世界への扉が開かれたわけです。

普通の人の生活は、徐々に変わっていったので、農村部に住んでいる人にとっては、時代の違いを感じるのに、数年かかったかもしれません。時代の変化を理解することは、リアルタイムではできなかったのではないでしょうか。

あとになって見れば、「あのときが運命の分かれ目だった」ということがわかりますが、渦中にいるときには、そんなことは思いもつかないことが多いようです。

明治になる直前の慶応3年（1867）には、来年幕府がなくなって、徳川の世が終わるなんてことは、「絶対にあり得ない」と普通の人は考えていたことでしょう。

僕たちが「そんなことはあり得ない」と思っているようなことが、3年後には、当たり前になっているかもしれません。そして今は、それを想像することすらできないのです。

激動の時代には、選択肢が広がります。いままでなら許されないこと、または、それまでの概念にはなかったようなことを選択することも可能になります。

たとえば、学校を卒業しても、既存の企業には就職せずにフリーランスで働く、自分で事業を起こすといった選択もあるということです。そもそも学校すら途中でやめてしまうという選択肢もあるでしょう。すでにそれを実行して、成功している人もいます。

だから、そういう道に進むのもアリなのです。

□変わること、すべてに「YES」と言おう

20代は、人生でいちばん変化が起きやすい年代です。

たとえば40代、50代になると、パートナー、仕事、自宅のすべてが、「去年と同じ」「来年も同じ」という人が多くなります。

逆にいうならば、パートナーと仕事、住む場所を変えたら、どんな年代の人の人生も、すべて変わっていきます。けれども、40代以上になると、たとえ自分の人生を変えたいと思っていても、面倒くさくなって、このままでいいか、となってしまいがちです。

でも20代は違います。

実際に、たった2ヵ月のあいだに、パートナー、仕事、住居のすべてが変わるというのは、それほどめずらしいことではないでしょう。

つまり、20代の人生は変わりやすいと言えます。

人生は、年齢がいけばいくほど、変化はしづらくなっていきます。

90代の人が、新しい仕事を始めたり、引っ越ししたり、離婚したり、再婚したりということはあまり聞いたことがないでしょう。「老人ホームを転々として、人生を謳歌《おうか》しています」とか「海外移住しようと思っています」という高齢者は、まずいません。

30代、40代の人も、「変化しない」わけではありませんが、比べてみれば、20代のほうが、はるかに変化が起きやすいのです。

それには、友人の影響というのも大きいと思います。

新しい友達が一人できただけで、その人に影響されて、音楽の好みやファッション、髪の色やスタイルが変わるかもしれません。高校の同級生が、数年後「すれ違っても気づかなかった」というくらい変わってしまうこともあります。

けれども、人間には、変化したい部分がある一方で、変化したくない部分というのがあります。変化したい部分というのは、「成長したい」「変わりたい」「新しいものを見たい」と思うことです。それに対して、変化したくない「保守的な部分」があります。それが、安心、安全を求めます。

「変化していく自分」と「保守的な自分」――この二つの組み合わせで、人生のドラマチック度合いが決まってきます。

人生に安定を求めるのか、変化を求めるのかで、ずいぶん違うのです。

たとえば、いつも変化を求めれば、波瀾万丈《はらんばんじょう》な人生になって、安定感はなくなってしまいます。起業家になったり、海外移住したりということを繰り返せば、見ているだけで慌ただしい人生になるでしょう。

でも、安定だけを求めれば、安全は手に入りますが、退屈も忍び寄ってきます。

公務員で、ずっと書類の整理だけを40年する人生を想像してみるとわかりやすいでしょう。もちろん、それが悪いわけではありませんが、その仕事でワクワクすることは少ないでしょう。ワクワクしたりしないのが、その仕事のよさであるという考え方もあります。

40代、50代になっても、パートナーも仕事も数年ごとに替わってばかり、というのは大変です。周囲からも「落ち着かないヤツだ」と評価されて、信用されなくなります。

ところが、同じことをしていても、20代ならば、そんなふうに思われないのです。

20代ならば、パートナーや仕事が変わっても、「そんなものだ」と見てもらえます。住むところも、いろいろです。20代だと実家に住んでいたり、一人住まいをしたり、ルームシェアしたり、といった選択肢があります。

好きな場所も、都会がいい人、田舎がいい人、それぞれです。生まれた街に住み続けてもいいし、外国に住むという選択もあるのです。

トライしてみないと、わからないこともあります。やってみる前はいいと思ったけど、やってみたら「やっぱり合わない」というのはよくあることです。

学生から社会人となって、さまざまな経験をすることで、自分にとっての大切なものがわかると、一緒にいたい人も変わってきます。逆に、一緒にいる人が変わることで、自分の大切にしたかったものがわかることもあります。

20代は、変わることに「YES!」と言うこと。

そこから、何かが始まるのです。

□ 変化していく先に、成長がある

人生は、「体験の積み重ね」によってできています。

いろいろなことを体験していく。それは、つまりは変化していくということです。

20代は、多くの人の人生で、もっとも変化していく10年です。

さまざまな人とつき合ったり、仕事をしたりする中で、自分のことがわかってきます。

逆にいうと、変化をすることでしか、自分のことがわかりません。

恋愛でも、いろいろなタイプの人と会っているうちに、自分はこういう感じの人とならば幸せになれそう、といったことがわかってきます。

そのために、「変化」つまり体験が必要なのです。

けれども、変化するというのは意外に怖いものです。

誰だって、失敗はしたくありませんが、失敗できないと、成長もできなくなります。失敗を恐れて、安定にとどまるというのでは、20代という貴重な10年を無駄にしてしまうことになります。

安定すればするほど、人生はつまらなくなってしまいます。

成長しようとすれば、いろんな出来事が起きて、人生は不安定になります。

このバランスを、あなたなりにどう取るかです。

成長したいと思うならば、いまの安定を一時的にでも手放さなければいけません。

あなたが自分では変化したくないと思っても、時代が大きな変化を促しています。

否応《いやおう》なしに、変化しなくてはいけない状況が出てくるかもしれません。

最初に就職した会社に、ずっと定年まで勤めるというのは、昔ならあり得た生き方でした。激動の時代では、残念ながら、それは難しいかもしれません。一つの会社がそれだけ長く続くかどうかということもあるし、雇用スタイルも自由になっていくからです。

激動の時代を生き抜くには、変化に強くなる必要があります。

あなたは、変化を楽しめるタイプでしょうか?

何でも楽しむクセを20代のうちにつけておくと、余分に苦しまなくてもすむでしょう。自分の人生の変化を楽しむ習慣ができれば、これからの長い人生も楽しんで生きることができます。

自分の予想とは違った結果が出て、がっかりしたときに「運命の神様はそう来るか……どんな面白いことを準備してくれているのかな?」と考えられたら、あなたは、変化を楽しむ達人になったと言えるでしょう。

「人生は楽しむためにある」と考える人は、これからの変化を楽しむことができます。

「人生は苦しみの連続だ」と思うと、リストラや内定取り消しを苦難や不運としかとらえられなくなってしまいます。

リストラや内定取り消しなど、一見するとネガティブなことも、「嫌いな仕事をしなくてすんでよかった!」と考えられたら、楽になれるかもしれません。実際に、そういうことがきっかけで、いまの理想の仕事にたどり着いたという人はたくさんいます。

〔2〕

時代の先を読む

□「世代的な宿命」を受け入れる

新型コロナウイルスの世界的な感染拡大を境にして、多くのことが変わりました。「ニューノーマル（新しい様式）」が生まれ、これからも変化の波は続くでしょう。

「なんで、こんな時代に生まれたんだろう？」とつい考えてしまうのは無理もないことです。でも、こうした大変化は、歴史を振り返れば、どの時代にもありました。

歴史的に見てみると、すべての世代を巻き込むような大きな変化は、70～80年に一度の間隔で起こっていることがわかります。

日本の歴史で見れば、前回の大変化は、1945年の第二次世界大戦の終戦です。その約80年前の1867年は明治維新です。その80年前は江戸時代で、90万の人が犠牲になったといわれる天明《てんめい》の大飢饉《だいききん》が起きています。その後のゴタゴタで江戸幕府の衰退が決定的になり、明治維新へとつながっていきます。

新型コロナウイルスの感染拡大の衝撃の大きさは、第二次世界大戦以来と言えるかもしれません。あなたは、親や祖父母も体験してこなかった「大変化の時代」を20代という年齢で体験するわけです。

しかも、コロナ禍は、日本だけなく、世界中に大変化をもたらしました。

個人がどれだけがんばっても、「時代」がその人の人生に影を落とすということがあります。これは「世代的な宿命」で、避けられないのです。

あなたも、就職、転職、恋愛、結婚などの人生の大切な分野で、これからの時代の変化の影響を大きく受けることになるでしょう。

ところで、激動の時代を生き抜くこと――それは、自分の命を守るということです。

「そんな大げさな」と思うでしょうか？

新型コロナウイルスのワクチンや治療薬の研究、開発も進んで、そのうちには風邪と同じようになる、と考える人もいます。たしかに、新型コロナウイルスだけにかぎれば、そうなっていくでしょう。

けれども僕は、いまのこの激動の時代は始まったばかりだと考えています。

新型コロナウイルスは予行練習のようなもので、もっと強いウイルスがアフリカや中国などから出てくると予測する研究がたくさん出ています。

人類は、2020年に大騒動となった〝新型コロナウイルス〟によって、ウイルスとどうつき合っていくのかを考えずにはいられない新しいフェーズに入ったのです。

ウイルスだけではありません。経済的にも大きな変化が始まるでしょう。

これから不況が続くと、正社員として働ける仕事の数がどんどん減っていきます。

そんな環境で、自分ができる仕事を見つけ、お金を稼がなければいけないのです。

就職とか転職とか大変になるかもしれませんが、それで別の道も開ける人もきっといることでしょう。目の前のことに気落ちせず、長い目で自分の人生を見てください。

□時代の流れに、個人は逆らうことができない

人類の歴史を見ると、ずっと平和で何もなかったときは、じつはあまりありません。ある時代の、ある国の、ある街が平和だった、ということはあったでしょう。

過去200年にかぎって見ても、第一次、第二次世界大戦がありました。その後、局地的ではありますが、朝鮮戦争、ベトナム戦争、湾岸戦争がありました。

アフガニスタン、シリア、イラク、イエメンなどの国では内戦があり、何百万人もの難民が出ました。経済的な激変を見ても、オイルショック、ブラックマンデー、リーマンショックがあり、そのたびに、経済的に破綻《はたん》する会社や個人が何百万も出ました。

日本だけを見ても、この100年で大きな地震や台風、水害が何十回も起きています。

どれだけ個人でがんばっても、自分が属している会社や業界がダメになるということが

あるわけです。

僕の祖父の時代には鉄鋼や造船というのは花形産業で、昭和40年代、そうした会社の社員は肩で風を切るような感じで、お見合いでも引く手あまただったそうです。

けれども、トップに上りつめたら、30年くらいで、その業界は下り坂になります。人気があったときには信じられないような、不景気に突入するのです。

僕の世代が就職活動をした30年前には、すでに鉄鋼や造船業を希望する学生はいませんでした。そのときは、銀行、商社などが人気でした。同級生で優秀な連中は、みんな商社か金融にこぞって就職しました。「半沢直樹」のドラマの舞台は、その10年後です。

その後の30年で、また世界は変わってしまいました。いまは銀行よりＩＴ企業のほうが人気でしょう。そんなふうに、時代の変化で、業界ごと落ち目になる、ということがあるのです。これからも、新しい産業が生まれていく一方で、一時は花形といわれた一大産業が、衰退していくでしょう。

造船業のその後ですが、中国や韓国勢が強くなって、日本ではどんどん影が薄くなってしまいました。個人でいくらがんばっても、もうどうしようもないのです。

アメリカでは、1970年代から80年代で、自動車産業が大きく衰退していきました。言うまでもなく、日本のTOYOTA、HONDA、NISSANが世界に進出したためです。

1980年代後半、バブルの頃、日本の家電製品は、世界を席巻しました。しかし、2000年になる頃には、日本のシャープ、パナソニック、ソニーに代わって、韓国のサムソン、そして中国の会社群が、家電製品を世界中に輸出するようになりました。

そして今、また大きな変化がグローバルに起きています。

第二次世界大戦のときには、いくら戦争反対と言っても、徴兵《ちょうへい》を免《まぬが》れることはできませんでした。時代の流れの前には、一個人は逆らう力がほぼないということです。

もしも生まれた国が違ったら、もしも生まれた時代が違ったら、「こうはならなかった」ということがあります。大きな流れには、誰も逆らえないのです。

そういうときに、「なぜ」と考えても意味がありません。

戦争や革命などで、国がメチャクチャになってしまう様子は、映画の世界だけだったかもしれません。ですが、もう少し小さい規模なら、ごく身近で起きています。

いま40代の人たちは「リーマンショック」、その上の50代、60代は「バブル崩壊」、その上の世代は「石油ショック」に巻き込まれました。そのつど、倒産、破産が大量に起き、失業した人も何十万人と出ました。

もう少し遡《さかのぼ》った80〜90年前の20代は、大学生でも徴兵されて、文字通り生死をかけた戦争に巻き込まれました。

この100年、地球上の多くの人が、人生のどこかのタイミングで、生死に関わるビッグイベントに巻き込まれているわけです。

そう考えると、長い人生のあいだには、僕たちは、少なくとも一度か二度は、人生の進路を大きくねじ曲げるような渦に巻き込まれるようになっています。

あなたには、幸か不幸か、それが人生を始める今のタイミングでやってきたのです。

これからどういう時代になりそうか、あなたも予測を立ててみましょう。

時代の流れを読むというまでにはいかないにしても、読もうと努力するだけで、その時代に積極的に関わることができるようになります。

□波に乗れるか、波にのまれるか

時代の流れの読み方は、歴史から学ぶことができます。

いまと似ている時代を調べたら、そこから何か見えてきます。

1918年、今回のコロナウイルスのようなスペイン風邪が、世界を席巻しました。それは、何回も波のようにやってきて、大変な状態が約2年続きました。

その後、経済の一大ブームがやってきますが、1929年、株が大暴落して、世界大恐慌が起こります。それを受けて1929〜31年にかけて、失業対策で、大規模な公共工事が行われました。アメリカではフーバーダムやエンパイア・ステート・ビル、ゴールデン・ゲート・ブリッジなど、巨大なプロジェクトがいくつも立ち上がったのです。

大恐慌というと、たくさんの失業者が街にあふれたイメージがありますが、同時期に成功した起業家もいっぱいいたのです。

たとえば、さっきのプロジェクトに携《たずさ》わった設計士、建設業界には仕事がたくさんあったわけです。その事業を受注できたところは儲《もう》かったはずで、みんなが困っていたわけではありません。建設現場でランチを提供するサービス、労働者の服を洗濯するサービスが仕事として生まれ、彼らが泊まる安い住宅やホテルも建設されました。

その周辺で、また新しいビジネスが何百も生まれたはずです。

そういう「お金の流れがどこに向かうのか」を見抜けた人は、お金持ちになりました。それを見切れる人は富を増やし、そうでない人たちは、苦しむことになったわけです。

これが、「波に乗れるか、波にのまれるか」の分かれ目になりました。

よく「風を読む」というような言い方をしますが、それは、どういう流れに向かっているか、それが何を示しているかを予測することです。

歴史では、10年に一度の小さな風が吹き、30年40年に一度、大きな風が吹き、70~80年から100年に一度、とてつもない風が吹きます。いま、まさに、そのとてつもない風が吹きつつあります。

その風を、どれだけうまくとらえられるか、ということだと思います。

そして、こうした時代の波にのまれないために、最低限できることといえば、感情的にのまれないことです。

厳しい時代には、仕事に就けない人がいますが、あなただけ仕事が見つかることもあるわけです。パートナーとの出会いと一緒で、みんなが「出会いがない」と言っていても、出会いをつかむ人も必ずいます。社会が不況だと言っても、一人だけ好況だということがあります。だから、まわりがそうだからといって自分もそうだというふうに、影響されないことです。

飲食業界が不景気だといっても、その中でオンライン事業を始めたり、いままでなら、商売になるとは思わなかったようなことが当たって、売り上げが何倍にも増えているという店もあるのです。

また、波にのまれたからといって、人生が終わるわけではありません。波にのまれた後に、流れ着いた島で、幸せを見つけるかもしれないのです。

なので、波にのまれることを心配しないでください。

□時代の流れが変わるときこそチャンス！

時代の流れが変わるときは、チャンスもいっぱい発生します。どうしてかといえば、人やお金の流れが大きく変わるからです。

これからは、産業全体が消滅してしまうようなことが普通に起きます。すると、その産業に関わっていた何十万人もの人が、仕事を探すことになります。

いまは、観光業、飲食業の人たちが、大量にジョブシフトをしなければいけない状態ですが、そういうときにチャンスがやってきます。

前でも少し触れたように、不況のときには、みんなが苦しむと思うかもしれませんが、じつは9割の人が苦しみますが、1割の人は、そこで成功していくきっかけをつかんでいます。

その意味では、この時代の流れが変わるときが、大チャンス到来なのです。

それにうまく乗れるか乗れないかは、時代の流れを読む能力にかかっています。

時代の流れがどっちに進むのか。それを読むには、何度も言いますが、歴史を学ぶ必要があります。歴史を見れば、ほぼ同じような事象が繰り返されていることがわかるでしょう。そして、何十年も前に起きたことから、その後のチャンスの可能性も見えてきます。

これから、産業の構造が大きく変わります。それが、どのような変化なのかを読み切れたら、それだけで大成功できるでしょう。

どの産業にいたら楽しいのか、うまくいきそうか、知恵を絞ってみましょう。

その予想が外れたとしても、何回もチャレンジするうちに、大きな流れが見えてきます。

20代のうちから、そういうトレーニングを積んでいると、10年後、20年後には、時代の流れを味方につけることができるようになるはずです。

これから、ほとんどの人が予測できないような面白い世界になります。車が空を飛んだり、世界中の人が自動翻訳ツールで普通に自由な会話ができたり、そんな夢のような時代がすぐそこまでやってきています。

想像してみてください。20代のあなたであれば、一生のうちには、自家用車で海外や宇宙に行ったりすることができるのです。少し前なら、SFの世界ですね。

また、いままでのルールが通用しないということは、新しいルールをつくっていいということでもあります。それは、がんじがらめのルールに縛《しば》られて苦しんだ前の世代の人たちから見たら、天国のような環境が、これから生まれるでしょう。

いままでとはまったく違った、新しい生き方ができる大チャンスを手にしているのが、20代のあなたなのです。

ルールがすべて変わるとき、すべての産業でチャンスも同時に生まれます。そのチャンスをつかんで新しい生き方ができるのは、いつの時代も若い人です。

あなたは、新しい時代をつくる、最先端のリーダーなのです。

〔3〕

社会の仕組みを知って、自分がどこに属するかを決める

□社会の仕組みとは？

小学校の社会科では、「どんな仕事も尊《とうと》い」と習いました。

一方で、一昔前の人生ゲームなんかをやると、サラリーマンコース、医者コース、実業家コースとかがあって、どの仕事をするかで、だいぶ人生が違ってくることがわかります。

小学生の頃、クラスメートと話しているだけで、その子の家がお金持ちか、普通か、お金に恵まれていないか、だいたい想像できたと思います。同時に、自分の家の経済状態、社会的ステータスについても、小学校高学年になると理解するようになったでしょう。

友達の家に行って、見たこともないような高そうなものがあるのを見て、「この子はお金持ちなんだ。うちとは違う……」と思ったことがありませんでしたか？

僕が小学生のとき、友達の家に行ったら、ホームエレベーターがあって、びっくりしたことがありました。それまで、エレベーターという機械は、オフィスビルとか百貨店に設置されているもので、個人の家にあるとは、想像したこともなかったのです。

逆に、友達が遊びに来たときに、うちがセントラルヒーティングで、スイッチを押すだけでヒーターから温風が吹き出すのを見て、「おまえのウチは金持ちだ。俺の家とは違う」と言われたことがありました。当時、日本の暖房は灯油ストーブが主流で、セントラルヒーティングになっている家はめずらしかったのです。生まれたときからそれがあって、そんなもんだと思っていたので、逆にびっくりしたことを覚えています。

そんな友人とのちょっとしたやりとりで、自分の家の経済状態や社会的地位がだいたいわかってくるものです。小学校高学年にもなれば、自分の両親が、上流、中流、下流のどこに属しているかを認識できたでしょう。

そして自分の進路を考えるときも、「自分は頭がいいわけではないから、普通のサラリーマンになる」と考えたり、「親が医者だから、自分も医者になる」と考えたりします。やる気のある人は「絶対に金持ちになってやる！」と思ったりしたでしょう。

親と自分は直接関係ないはずなのに、自分の社会的位置も、「これくらいかな」と考えるようになります。家の経済的な現実を見ると、自分の選択肢も見えてきます。

進路を考えるときに、「お金がないので大学には行けない」「私立の大学は無理」とか「留学はできない」といったことを考慮するようになったでしょう。

高校生にもなると、ドラマなどで、社会の構造がどうなっているかに意識がいくようになります。たとえば、たいていの会社員は、チェーンレストランで、500円のカレーか牛丼を5分で流し込むようにして食べています。一方で、同じ時間に高級ホテルの40階の見晴らしのいいフレンチレストランで、5000円のランチを2時間かけて食べるお金持ちもいる、といった社会の現実を知るようになるのです。

50歳をすぎて定職につけないおじさんがいる一方で、同い年でプライベートジェットに乗って、世界中を飛びまわるビジネスマンがいる。10円安い卵のために20分自転車を漕《こ》いで買い物に行く主婦もいれば、高級外車でスポーツクラブに通う同い年の主婦もいます。

そういう格差を見聞きするうちに、社会には、厳然としたヒエラルキー（階層）があるのを知ることになります。こういうことは学校や家庭で教わったことはないでしょう。

時給800円で年収が100万円にしかならないフリーターがいる一方で、一瞬で、その年収分を稼いでしまう投資家もいるわけです。それはいったい、なぜなのか？

「職業に貴賤《きせん》なしと言うわりには、楽して稼《かせ》げる仕事もあれば、汚い作業をやってもあまりお金にならない仕事もある。厳然とした身分の違いがあるんじゃないか？」

そう漠然と思いながらも、これまで突きつめて考えたことはなかったかもしれません。

たしかに、日本は、そこまでひどい格差社会ではないので、ボーッとしていると、一見みな平等な感じがしてしまいます。

でも、「社会のヒエラルキー」について知っておかないと、自分の人生の可能性を見つけられないまま、普通の人生を送ることになってしまいます。

18歳や22歳になったら「どこかに就職する」以外にも生き方の選択肢があるのに、それを知らないで歳を重ねてしまうと、途中で人生を変えるのは難しくなります。

もし、あなたがごく普通の家庭で生まれたなら、両親のどちらか（あるいは両方）が働いていたと思います。会社や役所に勤めていたり、自営業で自分のビジネスをやっていたかもしれません。そういう生き方は、いまの95パーセントの人がやっているので、それが当たり前だと思うでしょう。

生活のために、人生の大部分の時間とエネルギーを仕事に使うという生き方です。

でも、世の中には、世界中をファーストクラスでゆったりと旅したり、好きなことだけをやって生きている自由人もいるのです。

そこまでお金持ちじゃなくても、慎《つつ》ましい予算で家族で世界一周している人だっています。でも、海外に行ったり、英語が話せたりしなければ、そういう人の存在すら気づかないかもしれません。

なぜなら、普通に会社員をやっていると、そういう人となかなか人生がクロスしないからです。

親戚やまわりの人が勤め人の場合、人生の見本が少なすぎます。世界を見渡すと、いろんな生き方の選択肢があります。

これから長い人生を生きていくには、社会の構造や選択肢を十分に知ったうえで、自分が社会とどう関わりたいのかを考えましょう。

□自分が社会とどう関わっていくか

人生について考えるときは、つい自分のことだけにフォーカスしがちですが、どんな人も一人で生きているわけではありません。

僕たちは、社会の一員として生活しています。

子どものうちは、家族だけの世界ですが、20代になれば、社会人となって、文字通り、社会と関わっていくわけです。

その関わり方は、人それぞれ、さまざまです。

これまで、ごく一般的な生き方は、学校を卒業したら就職して働くことでした。毎月給与が支払われ、そこから税金や社会保険を納めて、残りは生活費に使います。

何らかの仕事をしながら、社会と関わっていくわけです。

どんな関わり方でもよいのですが、仕事をすること、働くということは、それ自体が社会との関わりなので、意外に大事だと僕は思っています。

あるいは、仕事をせずに、社会とはあまり関わらない生き方をしている人もいます。

あなたが社会とどう関わるのか、仕事との距離から見えてくるものがあります。

社会との関わり方には、次の7つのスタイルがあります。

〈1〉「無職」「ひきこもり」など、家事も仕事もしない

〈2〉「専業主婦」「家事手伝い」「家族の介護」などをするけど、外では仕事しない

〈3〉「ボランティア」として、意義のある活動をサポートする

〈4〉「パート」「正社員」として毎日定時で働く

〈5〉「エリート」として、残業もいとわずに、バリバリ働く

〈6〉「自営業（フリーランスも含む）」として働く

〈7〉「ビジネスオーナー」「投資家」として生きる

社会との関わり方をどうしたいかで選ぶと、自分のあり方が変わってきます。

これからは、20代でも働かないで生きていくという人も増えていくでしょう。

親元にいたり、親や祖父母からの遺産をもらったりした人は、あえてフルタイムで就職しない、という生き方を選ぶようになるでしょう。

「ちゃんとしたところに就職しないなんてダメ」という考えは、もう昔のものです。

遺産で生きていくなんて「大富豪の話？」と思うかもしれませんが、そうでもありません。たとえば都市部に祖父母や両親の持ち家があって、一人っ子の場合には、彼らが亡くなった後、その家を引き継ぐことになります。その家を売るなり貸すなりすれば、それだけでも、ある程度は暮らしていけます。

慎ましやかに生きていこうと思えば、仕事をしなくても可能です。これからは、そんな何をやっているかわからない人も、増えていくと思います。食べていくことだけを考えれば、必ずしも会社や役所に就職する必要はないわけです。

働きたいと思っても、親の介護をしなければいけなくなったり、自分自身が病気になったりして働けない、ということもあります。

また、自分は専業主婦（主夫）として、家事や育児に専念したいという人もいるでしょう。もちろん、女性にかぎったことではなく、男性にもそうした考えを持つ人がいます。

知り合いの若い夫婦は、男性のほうが育児を担当することになりました。旦那さんが、「僕より君のほうが仕事に向いているし、僕も仕事より、家事のほうが好き」と言って、奥さんも納得したそうです。二人ともハッピーな様子なので、それもアリですね。

一昔前なら、男性のプライドが許さない人も多かったでしょうが、いまはそういう感覚的なことも変わってきているように思います。

フルタイムの仕事をせずに、ボランティアをしていきたいという人もいるでしょう。

実家に住んでいたり、パートナーが経済的にサポートしてくれたりということであれば、自分でお金を稼ぐのは少しにして、趣味やボランティアをやることもできます。

いままではフルタイムで働くか、フリーランスで働くかの二者択一を迫られるような雰囲気がありましたが、働き方改革で副業が認められ、テレワークが進んだり、週休3～4日を導入する企業が出てきたりして、20年前には、とても考えられなかったようなライフスタイルが実現できるようになりました。

□不平等だけど、世界には正義も優しさもある

ここで、残念なお知らせがあります。

うすうす気づいていたことかもしれませんが、いまの世界は、不平等にできています。

どれだけがんばっても、結果が出ないことがあります。また、仕事には、儲かる仕事と儲からない仕事があります。

割のいい仕事と、割のよくない仕事、きれいな仕事と汚い仕事があります。

いい仕事をしたら、必ず報酬がよくなるということもなく、下請けに仕事を丸投げするだけで、何倍もの利益を得る会社もあります。

そう、世の中には、理不尽なことや不正義がまかり通っているのです。

たとえば大企業と中小企業では、利益率が違います。

同じものを売ったとしても、仕入れの条件が小さい企業には厳しく、大企業には有利になっているからです。

本当は、どちらも同じ条件でなければ、フェアではありません。

どうしても差が出るということなら、中小企業のほうを優先するほうが公平だと思いませんか？

なぜ大企業のほうが有利なのかといえば、より大口の優良顧客を優遇するのがビジネスの基本だからです。小さいより大きい会社のほうが、注文数も多くなります。つまり、いいお客さんになるわけです。

個人レベルでも、たとえばホテルにたくさん泊まるゲストほど、サービスがよくなります。朝食をつけてくれたり、部屋をグレードアップしてくれたりします。

いい部屋に泊まれるぐらい余裕のあるお金持ちだから、そんなサービスをしなくてもいいはず。でも、世の中は、そうなっているのです。お金持ちが、どんどんお金持ちになるのは、そういう面でも有利になるからです。

「倍返しだ！」の「半沢直樹」がウケるのも、必ずしも正義が通らない世の中だと皆が知っているからでしょう。

けれども、やはり正義はあって、ズルいことや不正をしていたら、いつか露見してその制裁を受けるものです。

短期的にはごまかせても、長期的に見れば正義はある、と僕は思っています。

心を尽くしてラーメンをつくっている人は、すぐに大きなお金を儲けることはできなくても、必ずその誠意や努力は報《むく》われるものです。成功する分野は、ラーメンではないこともあるかもしれませんが、どこかで花は開くと思います。本当によいものをつくろうと努力していて、悲惨な人生になったという人を僕は知りません。

もちろん、がんばったら誰でも評価されるほど、世の中は甘くありません。

そうかといって、その努力がまったく無視されるかといえば、そんなことはないというのが、これまで多くの人を見てきた僕の結論です。

人生はたしかに不平等です。それが、この世界のまだ不完全なところであり、不十分なところなんじゃないかと思います。

でも、その中で、人に助けてもらって感激したり、感動したりするのも、人生の喜びです。せちがらい社会でも、いい人はたくさんいることを知ってください。

10年ほど前のアメリカで起きた話です。ニューヨークのスクールバスの68歳の女性監視員カレンさんが、12~13歳の少年たちに集団でいじめられ、その映像がインターネットで流れたことがありました。

その動画を見てかわいそうに思ったカナダの人が、お金を集めて彼女に休暇をとってもらおうというアイデアを出しました。最初40万円を目標にしたそうですが、あっというまに5500万円も集まりました。年収120万円の彼女には、40年分の金額です。そのことを知らされたカレンさんは、大感激して、涙ながらに感謝の気持ちをのべたそうです。見渡せば、世界中にそういういい話はあふれています。

いま、クラウドファンディングで、立ち行かなくなったお店を応援しようというプロジェクトが世界中でスタートしています。

厳しくて大変なこともたくさんありますが、同時にあたたかくて優しい人たちも、世の中にはいっぱいいるのです。

〔4〕

自分の才能を見つけ、自分で育てる

□あなたの才能の原型を仕事に生かす

あなたのまわりには、自分の好きなことを仕事にしている人はいますか？

好きなことを毎日やっている人を探してください。自分がいま働いている会社で探してもいいし、ふだんの生活圏で見渡してみるのもいいでしょう。

カフェのスタッフ、美容師、ヒーラー、医師、教師……どんな仕事でも、それを仕事にしていることが「楽しい！」と思っている人です。

そうした人たちは、自分の好きなことをやって生きているので、同じ仕事をしている人の中でも輝く存在です。才能を使って生きている人たちです。

たとえばクリーニングであれば、どんなシミも消せるような、普通の人とは違う特別な技術を持っていたりします。

自分の身近にはいないとしたら、有名な人でも構いません。

「すごいな」「かっこいいな」と思えるような「憧れの人」を見つけてください。

どうしてかというと、自分が憧れるのは、自分も、その人と同じような才能を持っているということがあるからです。

たとえば、アートの才能がある人は、アーティストとして活動している人に憧れます。

自分に同じ才能があるから、そのアーティストの才能に気づけるのです。

世界的に活躍しているビジネスパーソンが素敵だと思うなら、あなたも密かにそういうことをやりたいと思っているのかもしれません。

つまり誰かに対して才能を感じたり、そのことに憧れたりしたら、自分にも、その才能があると思っていいわけです。

ところで、人には「才能の原型」があります。才能は、本人やまわりがそれを認めることで、はっきり形を表すようになります。自分の才能の形を知ることで、もっとそれに磨きをかけようという気にもなると思います。

自分の中にどんな才能があるのか、次の才能の原型をみてチェックしてみてください。

その主なものは次の通りです。

〈1〉アーティスト
――自分の内なるイメージを自分独自の方法で、自由に表現できる。

〈2〉クリエイター
――オリジナルなアイデアにあふれ、新しいコンセプトや企画を生み出す。

〈3〉問題を解決する人
――情報収集、情報処理に優《すぐ》れ、どんな場合にも的確な判断を下せる。

〈4〉リーダー
――いま何をすべきかを判断して、率先して行動に移すことができる。

〈5〉チャレンジャー
――新しい可能性や未知の領域を冒険、開拓していくタイプ。

〈6〉サポーター（縁の下の力持ち）
――献身的で、細やかなところに目が行き届く。人のサポートが大好き。

〈7〉オーガナイザー（まとめ役）
――物事を正確に処理し、人やプロジェクトをまとめ上げるのが得意。

〈8〉ものをつくる人
――現実的、実際的でものをつくり出すのが上手。具体的に体を動かすのが得意。

〈9〉コミュニケーター
――自分の伝えたいことを的確に言葉にして伝える能力に長《た》けている。

〈10〉世話をする人（癒やす人）
――現実的で献身的。一対一で深く人と関わり、相手を元気にする。

（拙著『就職する前にしておきたい17のこと』大和書房より）

誰にも、複数の才能があります。右にあげた以外にも才能の原型、種類があって、その組み合わせは無限です。僕の公式サイトにある「才能の原型発見チェックシート」（https://www.aiueoffice.com/ken_sainou/）で診断できます。

□ あなたには、すごい才能が眠っている

才能は、誰にでもあります。

ですが、多くの人は、自分にそんなものがあることに気がつきません。

僕はこの20年、作家をやっていて、２００冊の本を出版してきました。

そうやって聞くと、文章の才能があると思うでしょうが、文章を本格的に書き始めたのは32歳のときでした。それまで、自分に文章が書けるなんて思ってなかったのです。

才能は、いろんなきっかけで見つかります。

それは、「条件」が揃《そろ》わないと発芽しない種のようなものなので、発芽してみないと、自分では「才能」があることが、なかなか実感しにくいものです。

では、才能の種が発芽するために何が必要かといえば、次の3つです。

〈1〉光
〈2〉熱量
〈3〉養分

この3つがないと、才能は開花しません。

そして残念なことに、この3つを十分に与えられているかといえば、たいていは不十分なままです。

草木の種を発芽させるには、土壌《どじょう》を整え、適切な温かさの中で光をあて、水をやらなければなりません。それができて初めて、発芽するわけです。

才能も同じです。

環境が整えられ、必要な「養分」となるものがちゃんと与えられて、ようやく、それは才能として開花するわけです。

でも、たいていは、そうはなりません。

最初の問題は、お金でしょう。才能の土壌をつくるには、たいていお金がかかります。

少なくとも、お金がかかると、思われています。できるだけお金がかからないように教育した、両親の影響でそうなってしまったのです。

「君には音楽の才能があるからフランスに1ヵ月留学しておいで」とか、「費用の100万円は出してあげる。無駄になってもいいから、やってみたら？」と言ってくれる親を持った人は、ほとんどいないでしょう。

どちらかと言うと、「バイオリンをやりたいって？　授業料が高いでしょう？　いくらすると思っているの？　そんな余裕がうちのどこにあるのよ」と叱《しか》られるのが落ちです。

そういう家庭に育っていたら、あなたにどれだけ才能があったとしても、適切な養分を与えられることはあまり期待できないでしょう。

「熱量」というのは、「楽しくて仕方がない！」とか「大好き！」「ワクワクする！」という、本人の思いや、あなたのことを信じてくれる人の情熱です。

たとえば「絵を描くのが好き」だとしたら、一日中描いていても苦にならない。苦にならないどころか、時間を忘れてしまうほど、それが楽しくてしかたがないと思える。それが才能の熱量（エネルギー）になります。

最初に、本人の情熱がそんなになくても、コーチやまわりの大人が、その人の才能を信じて、情熱的に指導してくれたら、一定期間を経て、才能は開花します。

「光」とは、その才能を見出してくれる先生が放《はな》つスポットライトです。その才能に光をあててくれる人やきっかけがあって、初めて才能ははっきりしてくるのです。

たとえば、将棋をやっている少年の才能を将棋クラブのおじいちゃんが見抜く、スケートをやっている女の子を見かけて、その抜群《ばつぐん》の運動神経にコーチが驚愕《きょうがく》するといった感じです。

そういう才能に気づく人がいて、初めてまわりもその才能をなんとかしようという気になるのです。両親もコーチの熱心な説得に、「この子を選手にしよう」となったりします。

この「光」「熱量」「養分」の3つが揃ったとき、才能の種は芽を出す、というのが僕の理論です。

□才能は、光が当たらないと埋もれたままになる

才能は誰にでもあると言われても、それを実感できない人は多いと思います。

「自分には、とくに優れていることなんて何もない」と感じている人がほとんどです。

才能というのは、自分ではごく自然にできてしまうことだとお話ししましたが、だからこそ自分では気づきにくいのです。

他の人から見て「すごい」ということも、誰かに見られるまでは、ないのと一緒です。

たとえば、スピーチの才能は、スピーチする姿を見て、まわりの人がそれに気づくことができるのです。

才能の種が発芽するには「光」が必要だと書きましたが、光とは「チャンス」「機会」「注目」です。

ある日突然、「ステージに上がってスピーチしてください」と言われたら、あなたはどうしますか？

僕の知り合いで、人見知りの青年がいます。ふだんの彼はおとなしくて、パーティーや会合などの場でも、自分から積極的に人と交流するタイプではありません。

でも、会社主催のパーティーで、スピーチをしなければならなくなりました。演壇に上がると、彼は別人のように、堂々と話をして、会場を沸かせました。

スピーチの才能に光があたった瞬間でした。

まわりはもちろん、彼自身も気づいていなかった才能の種がプツンとはじけて、発芽したのです。

スピーチにかぎらず、セールスでも研究でもプレゼンでも、どんなことでもトライしてみないと、それが上手にできるかどうかはわからないものです。

「自分には才能なんてない」と思うのは、まだそれをやっていないから、だけなのかもしれません。

だからこそ、20代は、なんでも試してみるといいのです。

先日も、「自分にはどんな才能があるのかわからない」という24歳の男性と話をする機会がありました。

「いままでどんな仕事をしてきましたか」と聞くと、会社員で営業の経験しかないといいます。それでは、才能が見つかるはずもありません。

才能は、暗闇で黒い石を探すようなもので、それはたしかに、そこにあったとしても、遠くから見るだけでは「何もない」のです。

そこに光があたることで、存在がわかります。そうなれば、その石を磨くことができるわけです。

いまの時代は社会人になっても、アルバイトや副業が許されています。

20代のうちは、一つの仕事だけに限定せず、機会があったら、誘いを断らず、なんでもやってみることです。「週末、レストランを手伝って」とか、「文章をまとめてほしい」という友人の依頼から、プロのシェフ、作家になった人がいます。

舞台に上がるような、そんな初めてのことでも、機会があったらチャレンジしてみましょう。それによって、あなたの才能に光があたることもあるわけです。

□自分の才能を分かち合える人が、幸せに成功できる

人生には、いろいろな生き方がありますが、成功する人は、駆け出しの頃から違います。
たとえば、会社員には、3通りの人がいます。

〈1〉言われたことが不十分にしかできなくて、いろんな人に叱られる
〈2〉言われたことを淡々とこなす
〈3〉言われたこと以上に、何か自分発でどんどんやっていく

この3タイプのうち、誰が成功すると思いますか？　答えは言うまでもないでしょう。
仕事で結果を出そうと思ったら、期待される以上にやるクセをつけましょう。

そして、できれば、あなたにしかできないこと、得意なことをして、才能を発揮できれば、そこから道は開けます。

その人にどれだけの才能があるかは、それを「やめます」と言ったときに、まわりがどう反応するかでわかります。

たとえば、レストランでシェフのアシスタントをやっている人をイメージしましょう。「この店をやめさせてください」と、店のオーナーに告げたときに、どれだけの熱意で引き留めようとしてくれるでしょうか。会社員で退職願いを出したときも同じです。

「給料を上げるからやめないでくれ」と言われるのか、「元気でね」と言われるだけなのか。前者であれば、あなたは有能で、いい仕事をしていたことがわかります。

「自分がやめたら会社は困るだろう」と考える人は多いですが、実際に、「給料も上げるから、やめないでほしい」と言われるほどの人材は、ほんの一握りです。

自分が思っているほど、興味を持たれていない、というのが現実なのです。

「才能が発揮できている」というのは、「才能で人を幸せにしている」状態です。あなたの才能が、自分だけでなく、まわりの人も助けたり、喜ばせたりしているでしょうか。

一方、才能を使えていない人は、どんな仕事をしてもストレスだらけです。「どうして言われたこともできないのか？」と責められ、誰にも認めてもらえず、ただ一日をやりすごして終わる毎日になります。

怒られたり、バカにされたり、イヤな思いをさせられるばかりで、それで「やめたい」と言ったところで、引き留められることもないでしょう。

これが、才能を使っていない人の悲しい生き方なのです。

最初にお話ししたように、じつは才能のない人なんていません。

才能の種は誰にでもあるのに、それが発芽できていないだけなのです。

あなたにある才能の種を腐らせないでください。

あなた自身が、自分の才能に養分とエネルギー、そして光を与えてください。

居場所さえ間違わなければ、あなたの才能は、きっと開花していきます。

親や先生が、自分の才能を見つけて育んでくれなければ、あなたが自分でそれをやりましょう。

〔5〕

「人間関係が幸せのカギ」と知る

□人生は、すべて人間関係で決まる

もし、「あなたの人生は、これからの人間関係で、すべてが決まる」と言われたら、どう思いますか？

「まさか、すべてってことはないんじゃないかな。

他にも要因はあるでしょう。才能とか、お金とか、やる気とか……」

でも、少し考えてみてください。

あなたが幸せで豊かな人に囲《かこ》まれて生きる未来と、意地悪でお金のない人たちとつき合って生きる未来の両方をイメージしてみましょう。あなたを評価してくれる先輩、上司、取引先に囲まれて仕事をするのと、仕事をしても、ほめてくれない上司、クレーム客ばかりが来るというのでは、全然違うと思いませんか？

とくに、仕事関係の人が幸せで楽しい人なのか、意地悪で文句ばかり言う人なのかでは、人生の楽しさに雲泥の差があるのがわかるでしょう。

転職のいちばんの理由が、「職場の人間関係」だと知っていましたか?

それだけ、実際に働き出すと、人間関係が大事だってことです。

逆に、人間関係がよければ、なかなか人はやめません。居心地がいい職場では、「やめたい!」と思う人は出てこないのです。

プライベートの人間関係も見てみましょう。

友達がたくさんいて、いつも楽しい時間をすごしている自分。大好きなパートナーがいて、相手もあなたのことを大事に思ってくれている。家族とも、頻繁に連絡を取り合って、電話を切った後は、あたたかい気持ちになる自分を想像できるでしょうか。

プライベートが寂しいパターンの自分もイメージしてみましょう。

友達が全然いなくて、昔の友人から連絡があったら、いかがわしいビジネスの誘いだったりします。恋人もいないし、誰かに最後に抱きしめられたのはいつか、思い出せません。家族とも疎遠で、自分が死んだら、孤独死として何日もたってから発見されるのかなぁと、ぼんやり考えている……。

二つの未来をイメージして、人間関係が充実しているのと、そうでないのとでは、人生が全然違うのがわかりますか？

「人は一人では生きられない」というのは、よく言われることですが、「いや、自分はできるだけ誰とも関わらないで生きていきたい」という人もいるでしょう。

実際にテレワークなど、人と直接会わなくてもできることが増えてきました。

それでも、生きているかぎり、誰とも関わらないですませることは不可能です。

「人間関係」のない人はいないのです。

そして、その関係によって、あなたは、幸せにも不幸にもなります。

これから、人間関係を大事にするのが、あなたの幸せにとってものすごく大切だということを理解しておいてください。

□人間関係は幸せの原因にも、不幸の原因にもなる

これからの人生で、あなたを幸せにするのも、不幸にするのも、人間関係がカギになります。

仕事でいろんなことを体験するでしょうが、その中で素晴らしい人、尊敬できる人、面倒な人、できれば一緒にいたくない人など、さまざまな人に会うことになります。

大好きな人と一緒に生活を始めて、天国にいるような気分になることもあるでしょう。

子どもが生まれたりすると、この子のために、命を捨ててもいいと思うぐらい愛情が湧いてきて、自分でもびっくりするかもしれません。家族といて本当に幸せだなぁと、つくづく感じるような出来事がいっぱい起きることでしょう。

同時に、あなたを将来的に苦しめるのも、人間関係になります。職場の関係はもちろん、

親子関係、夫婦関係も変質していきます。

もう少しすると、親の介護をどうするかという課題が出てきて、兄弟姉妹がいる人は、思わぬ価値観の差に愕然とすることも出てくるでしょう。

一人っ子の場合は、誰にも助けてもらえずに、自分だけで両親二人の世話をしなければいけなくなるかもしれません。

親戚のおばさんとかがいれば心強いですが、あなたの住んでいるエリアにいるとはかぎりません。親戚が近くにいなかったり、つき合っていなかったりする場合は、自分ひとりで親の入院、ヘルパーさんの手配などのすべてをしなければならなくなります。

ただでさえ忙しい中、有給休暇を取って、親に会いに行ったら、その親にイヤミを言われたり、失礼なことを聞かれたりします。親孝行をしてあげたい気持ちと、もういい加減にしてほしいという気持ちで揺れることになります。

また、恋愛でも、人生最高と最悪の感情を味わうことになるでしょう。自分では「この人のためだったら何でもやれる」と思うぐらい好きになって、相手にも愛されていると感じたときには、「神様、もう幸せすぎて死んじゃいます！」と思うでしょう。

でも、同じ相手に、「ごめん、他に好きな人ができた」と言われたときには、文字通り目の前が真っ暗になって、世界がガラガラと崩《くず》れていく気持ちになるでしょう。20代では、もう死にたいと思うぐらい落ち込むことが、少なくとも2、3度あるのが普通です。あなたが傷つきやすいタイプなら、その回数はもっと多いかもしれません。

職場の人間関係も、あなたを苦しめる可能性があります。

長く仕事をしていれば、全人格を否定してくる上司、先輩、お客さんに必ず出会うからです。「こんな人が存在するのか！」と叫びたくなるくらい、邪悪で意地悪な人に、たまに出会ってしまうものです。

「そこまで言わなくてもいいんじゃないか」ということもあるかもしれません。たいしたことでもないのに、トラブルの責任を押しつけられたり、罵声《ばせい》を浴《あ》びせられて、塩をまかれたり、といったことも起きます。

人間関係がうまくいっているときには、幸せな気分でいられますが、トラブル続きの人間関係の環境にいるとイライラしたりして、なにか落ち着かないような気分を味わいます。それほど、人間関係というものは、自分の気持ちに影響を及ぼすものなのです。

□誰かに不義理をすると、あとでツケがまわってくる

20代では、そこまで人間関係が大切だと思っていない人が多いように思います。人間関係は、日々の小さな信頼の積み重ねによって築かれていくものですが、それがわかっていないと、約束の時間に遅れても謝らなかったり、何かしてもらったのに、お礼のメールもしなかったり、というのはよくあることです。

親に厳しく躾《しつ》けられていないかぎり、挨拶《あいさつ》、お礼、お願い、お詫びを丁寧にする習慣はありません。それをするだけで、人間関係はよくなっていくのですが、その大切さが、まだわからないのが20代の若気《わかげ》の至《いた》りとも言えます。

お世話になっていても、お礼どころか、挨拶もしなかったり、友達にお金を借りても返さない人がいたりします。

そこまでいかなくても、ちょっと誰かをディスったり、陰口を言ってしまったり、というようなことは、誰にでも覚えがあるでしょう。

自分では、正直に思ったことを言っただけだとしても、相手にしてみれば、「悪口を言われた」と思っているかもしれません。下手すると、10年以上もそれを根に持たれることがあります。

悪口というのは、面白いもので、言ったほうは30分後には忘れていても、言われたほうはずっと覚えているものです。逆の立場で考えてみてください。昔、悪く言われたことを昨日のことのように思い出せるのではないでしょうか。

僕たちは、意識しませんが、お互いに人間関係のスコアを心の中につけています。

たとえば、友達に誕生日に何かをもらったら、それをこっそり記入しています。その人が誕生日を迎えたら、だいたい同じぐらいの金額のものを返すためにです。

「誰か素晴らしい人を紹介してもらった」「パーティーに連れていってもらった」――そういうことがリストに書き込まれています。その人がどういう人物かと聞かれたら、そのスコアを思い出して、「すごくいい人だよ」と言うでしょう。

逆に、その人に関するスコアに、「約束に30分遅れてきた」「約束をすっぽかされた」「5000円貸したけど返してもらってない」「友達に紹介したら、ケンカをふっかけて気まずかった」といったネガティブなことが書いてある場合もあります。

そんな人について聞かれたら、どんな答えになるでしょうか？　どれだけ正直に答えるかですが、あんまりポジティブなことは言えないでしょう。

怖いのは、数年前の不義理が返ってくることです。

たとえば就職試験の面接に行ったら、面接官が小学校のときの同級生のお兄さんだったということがあります。そのときに、その同級生とどんな関係だったのか、自分はその同級生とどんな接点があったかで、その面接の結果を左右することになります。

忘れていたような不義理が、大事な人生の場面で、あなたの足を引っ張ることもある、ということを覚えておきましょう。

□これからの人脈が あなたの未来を開く

すべての人間関係は、バランスでできています。

ポジティブな人と一緒にいると、自分もポジティブになりそうなものですが、じつは逆に、そのぶんネガティブになることがあります。

「自分には、とてもあんなことはできないな。すごいな。それに比べて自分なんて……」となってしまうのです。あなたがネガティブになると、相手はよりポジティブになって、一生懸命に励ましてくれたりします。

そうやって、ポジティブとネガティブを行ったり来たりしながら、人間関係はできていきます。時には相手を励《はげ》ましたり、時には相手にイライラしたり、そして時には落ち込んだり、落ち込ませたり、助けてあげたり、助けてもらったりすることで信頼し合えるようになるのです。

幸せのカギは人間関係にある、というのは、どんな人とつき合うかで人生は決まってしまうからです。その人が、誠実で思いやりがあるのか、嘘つきで自己中心的なのかでは、全然違ってくるのは当然です。

出会いから始まって、いろんなやりとりが起きて、お互いに信頼できるようになると、それが「人脈」になります。そこから、次の出会いが生まれ、思いがけないチャンスがやってきます。「人脈」は「金脈」になると言われるのは、このためです。

20代になったばかりでは、「自分には人脈なんてない」と思う人がほとんどでしょう。けれども、がっかりする必要はありません。あなたがこれから出会う人と、大切につき合っていくことで、「人脈」はできていきます。

僕たちの人生は、「自分が出したもの」が「自分が受けとるもの」になります。

多くを与える人ほど、大きな人脈を手に入れることになります。

「自分には出すものがない」と思う人がいるかもしれませんが、そんなことはありません。出すものというのは、相手のためにできることです。お金がなくても、力がなくても、相手のためにできることは、いくらでもあります。

たとえば、それは時間や期日を守ることだったり、あるいは、得意な料理を振る舞ったり、なにか手伝ったりする、ということです。そういうことができる人は、信用されます。

そして、人に信用される人が、人脈を広げていける人です。

自分が信用できない人を、自分の知り合いに紹介する人はいません。信用されない人は、つき合ってもらえたとしても、それ以上の人たちに紹介してもらうことはできないのです。

また、誰か上の人を紹介されたら、それで関係が終わるわけではありません。紹介してくれた人とも、ちゃんとつき合っていくことです。そうなったら、人脈は黙っていても、大きく広がっていくでしょう。

あなたの人生にチャンスや可能性が、次々にもたらされることになります。それが、一生続いていく絆《きずな》をつくっていくことにもなります。

成功している人が幸せなのは、経済的に恵まれ、精神的にも安定しているからだといえますが、そのもとには、バランスのいい人間関係と絆があるのです。

[6]

メンターを見つけ、教えを受ける

□メンターを持つことで人生は変わる

メンターとは、人生を導いてくれる師匠という意味です。

高校や大学の部活顧問の先生にいろいろ教えてもらって、刺激を受けた人は多いでしょう。でも、社会人になったら、目上の人と会うといっても、先輩や上司ぐらいで、なかなか他の大人と知り合う機会はないかもしれません。

これからの人生で、仕事や方向性で悩んだとき、親身に相談に乗ってくれる目上の人がいたら、とても心強いと思いませんか?

できればメンターは、年齢的に10歳から20歳ぐらい離れているといいと思います。それより上だと両親と同世代になるので、素直に話を聞けなくなってしまうかもしれません。

逆に、5歳ぐらいしか上でなければ、人生経験が少なすぎて、先輩としてはいいですが、あなたに的確なアドバイスができないと思います。

相談する内容ですが、職業的なことや人生の全般のことを教えてもらうのがいいと思います。仕事をどうするか、キャリアをどう積み上げていくのか、パートナーシップをどうするかなど、人生相談の分野はたくさんあります。

メンターとの出会いは、偶然のこともあるし、あなたが積極的に求めることで実現することもあるでしょう。異業種交流会で出会ったり、取引先の人がメンターになってくれることもあるかもしれません。ただ、仕事関係で出会うと、どうしてもビジネスライクになりがちなので、メンターにはなってもらいにくくなります。

メンターと出会うオススメの場所は、ボランティア活動です。ボランティアをやることで、人脈は一気に広がります。

ボランティアに興味を持つ人は、いろんな意味で余裕がある人です。自分の仕事が順調でないのに、人助けをすることはできません。誰かのために時間とエネルギーを使おうという人は、人間的にも、親切で優しい人です。そういう場所では、上下関係もあまりなかったりするので、パーソナルなつき合いになりやすいということもあります。

□「憧れる人」で、あなたの人生の方向が決まる

どういう人をメンターにするかですが、まずは「憧れる人」をイメージしてみてください。前にもお話しした通り、あなたが「憧れる人」には、あなたと似た才能があります。そうなりたいと思える人なので、学ぶ姿勢がととのいます。

あなたが尊敬できる人、一緒に時間をすごしたい人は、どんな人でしょうか？

たとえば僕は、たくさんの人に影響を及ぼす人にとても憧れました。本を複数出版していたり、自分の考えを伝えることで、多くの人の人生にインパクトを与えている人に憧れたのです。また、人間的に素晴らしい人にも憧れました。

成功していても、家族とはうまくいっていない人はたくさんいます。でも、そういう人ではなく、家族のことを大事にしている人が、自分にとっての憧れになりました。

そういう憧れの人たちと実際につき合うようになると、ふだん言うことや行動に筋が通っていたり、大成功しているにもかかわらず、謙虚《けんきょ》だったりすることがわかります。

そんな素敵なメンターと知り合うことで、「もっと学びたい」「新しいことをやってみよう」「この人みたいになりたい！」という気持ちになるのです。

どんなに成功しても、メンターの前では、いつも駆け出しの気分になれるし、「まだこれからだ」と思えます。そういう気持ちが、自分の原動力になるでしょう。

あなたが憧れる人は、自分にとっての理想の姿です。人は、自分とはまったく価値観が違う人に憧れないものです。その人に憧れたというのは、自分にも、その人に似た点があるからです。「そうなりたい」という気持ちが、憧れの気持ちを抱かせるわけです。

あなたの憧れの人は誰でしょうか？

リストアップしてみてください。

そして、そういう人と個人的に話をしたり、ごはんを食べているところを夢想してみましょう。数年たって、それが現実になることもあります。

□メンターは、身近な人から選ぶのがいい

メンターは、まずは身近なところから探してください。

自分とあまりにもかけ離れた存在では、その人と自分の理想の姿が重なっていきません。メンターの生き方、考え方をマネしたいと思っても、すごすぎてマネのしようがない、ということになってしまいます。

なので、最初は、自分のレベルに合ったメンターを探しましょう。

職場の上司や先輩、学校の先生や親戚、近所の人……身近で活躍している人、人望のある人、自分が選びたいと思う分野で活躍している人から選ぶようにすると、きっと「この人だ」と思える人に出会えるはずです。

メンターを誰にするかで、自分の人生の理想型がぼんやりと見えてきます。

「これだけはイヤだ」と思う面があったら、その人は、あなたのメンターにはふさわしくありません。

ときには厳しいことも言われるかもしれません。でも、それは、あなたが成長するためにメンターが言ってくれているのです。親以外にそういうことを言ってもらえるのは、ありがたいことです。

聞きたくないこともあるかもしれませんが、受け止めて自分の成長につなげましょう。

ただし、メンターも人間です。

時には人間的にできていないところを見せられたり、ズルい面、できてない面に気づかされたり、ということが出てきます。

そういうときには、「こんな自分を越えていけ」と、メンターが言ってくれているのだと解釈するようにしていました。

「自分にはできないけれど、おまえならできる」――それを見せてくれているんだと頭の中で翻訳したわけです。

オリンピックに出るようなアスリートをたくさん育てているコーチや監督でも、自分自身はオリンピックに出たことがない、という人は大勢います。

彼らは、自分ができなかったことを教えているわけです。けれども、自分ができなかったことだからこそ、その苦労がわかるということもあります。

逆に、自分では素晴らしい実績を上げていても、いい指導者にはなれない人もいます。それは、その人がプレイヤーだからです。プレイヤーには天才肌の人も多いのですが、このタイプは、「できないこと」の苦労がわかりません。それではいい先生になれません。

メンターは父親、母親のようなもので、いろいろな悪い面があっても、だからといって、それで愛さない、尊敬しない、とはならないでしょう。

その人に欠点があったとしても、それを越えて学びたい、尊敬したいと思えるなら、その欠点は許してあげられるかもしれません。

そして、時間がたつにつれ、メンターの欠点が愛おしくさえ感じられるようになるのです。「もう仕方ないなぁ」と言いながら、メンターの尻拭《ぬぐ》いをすることは、結構楽しかったりもします。それぐらいあなたが成長すると、いい関係を持てるでしょう。

□メンターにかわいがられるコツ

どんな人でも、自分のすべてを受け入れてくれる人には、好感を持つものです。

それは、メンターも同じです。

自分に対して、100パーセントのリスペクトがある人と、そうでない人がいたら、前者のほうがかわいいと思うのが人情です。

メンターにも欠点があるとお話ししましたが、それも「この人の人間らしさであり、個性だ」と思えば受け入れられるわけです。

「この先生は、こんなにすごい人なのに、これは全然できないんだなぁ」と思いながら、それがあるから、もっと好きになるということもあります。

そういう弟子《でし》なら、メンターはかわいがらずにはいられないのです。

何かの分野で成功してメンターになるほどの人であれば、自分の欠点は知っています。それを相手がわかって受け入れてくれている、ということにも気づけます。

メンターからかわいがられるには、いい理解者になることです。

そして、そのメンターを越えて大きくなりましょう。それが、メンターへの恩返しになります。

メンターを「自分を育ててくれた人」として忘れることなく、恩返しをしていくことです。恩返しというのは、お中元やお歳暮を贈ることではありません。プレゼントやご馳走することでもありません。どんな道に進んでも、あなたが活躍することが、メンターへの恩返しになるのです。

それができれば、そのメンターにかわいがられ、一生、つき合っていけるのです。

そして、亡くなった後にも、心の中でその関係は続いていきます。

僕のメンターの竹田和平さんは鬼籍に入っておられますが、いまでも、応援の風を吹かせてくれていると、日常的に感じることがあります。そして、その思いに応えたいという情熱が、僕の中に湧いてきて、心のつながりと幸せを感じられます。

〔7〕

プラスとマイナスの感情のパワーを知る

□感情の影響力のすごさとは？

あなたは、感情の影響力の大きさについて、どれだけ知っていますか？

自分がこれまでやってきたことを振り返ってみてください。

親に叱られたとき、先生にほめられたとき、部活でがんばったとき、友達と遊んだとき、クラスメートにいじめられたとき、兄弟姉妹でものすごくケンカしたとき、初めて恋人ができたとき、別れたとき、感情がグッと動いたはずです。

親や兄弟姉妹と大ゲンカしたときは、殺意すら湧いたかもしれません。好きな人に好きと告白されたときは、天にものぼるぐらい幸せになったことでしょう。

ひと夏部活の朝練をやった末に、試合で勝てたときは、メチャクチャ嬉《うれ》しかったでしょうし、負けたときは、大泣きするぐらい悔しかったと思います。

これまでの人生を振り返ったとき、喜怒哀楽があなたの人生をつくっていたことがわかると思います。

小学校の先生が何を教えてくれたかはさっぱり覚えていなくても、先生にほめられたこと、叱られたことは当時の感情とともに覚えているのではないでしょうか。すごく嬉しかったこと、悲しかったことは、記憶にしっかり残っているものです。

「人は、あなたに何を言われたかは覚えていなくても、あなたにどう感じさせられたかは覚えているものだ」

という言葉がありますが、それぐらい、感情は記憶と結びつくものなのです。

誰かに対して感謝の気持ちが湧いた、怒りが抑えられなかったという体験は誰でもあるでしょう。

これまでに、あなたが一生懸命何かをやったとき、必ずそこには感情があったと思います。両親、先輩、友人、兄弟姉妹を喜ばせたい、好きな人においしい料理をつくってあげたい、そういう気持ちが原動力になったでしょう。

自分でも、なんであれだけ一生懸命になれたのか、不思議に思うかもしれません。

部活の練習だったり、文化祭、体育祭などのイベントだったりで、徹夜で準備をしたときなど、アドレナリンが大放出されていたはずです。

楽しくてワクワクが止まらないこと、部活の顧問の先生の理不尽な決定に怒り心頭《しんとう》に発したときのこととか、覚えていますか？

冷静に見ると、感情のパワーには、ポジティブなものとネガティブなものがあります。

ポジティブなものは、感謝、感激、喜び、楽しさなどです。

ネガティブなものは、怒り、悲しみ、憎しみ、嫉妬というものでしょう。

どちらも人生で感じるものですが、そのパワーに対して、あなたは過小評価している可能性があります。

なぜなら、感情は、思わぬ破壊力を持つからです。

満員電車でぶつかった人に、イライラしてどんと突き返したら、相手が転倒して警察沙汰になった知り合いもいます。ふだん温厚な人ほど、抑圧《よくあつ》している怒りは、思わぬところで暴発することがあります。

気をつけないと、一生を棒に振る可能性だってあるでしょう。

□ポジティブなパワー、ネガティブなパワー

人は、頭で考えているだけでは、なかなか動けません。思考と感情ではどちらがパワフルかと言われたら、圧倒的に感情です。

理性で考えた通りに動けたら、禁煙は一瞬でできるし、ダイエットだって一回やったら終わりです。でも、それが、そんなに簡単でないことは誰でも体験しています。

裁判官とか警察官が、若い女性にストーカーメールを送りつけたり、痴漢をして逮捕されたりというニュースを、皆さんも見たことがあるでしょう。

法の番人である彼らが、なんでそんなことをするのでしょうか？

頭の中では、200パーセントまずいとわかっていたはずです。しかし、自分の中にある衝動を抑《おさ》えられなかったのだと思います。

それが、感情のパワーなのです。内なる衝動《しょうどう》と言ってもいいかもしれません。

「パワー」というのは、文字通り「力」ですから、それに引っ張られたり、暴発したりすることで、人生を誤《あやま》ってしまうこともあるわけです。

もちろん、そうしたネガティブなパワーがあると同時に、感情にはポジティブなパワーもあります。

大好きな人のために何かしてあげたいという気持ちになったことは、あなたにも経験があるでしょう。恋愛でなくても、好きな先輩や友達のためにやってあげたいと願ったときには、信じられない力が出たりするものです。

また、親孝行してあげたいという純粋な気持ちは、あなた自身を幸せにします。

あなたの中にあるポジティブなもの、ネガティブなもの、どちらとつながるかが、あなたの未来を決めるでしょう。

僕が好きなネイティブアメリカンのおじいさんの話を紹介します。

おじいさんが、孫にこんな話をします。

「おまえの中には、いい狼《おおかみ》と悪い狼がいる。いい狼は、人生でいいことをやろうとする。悪い狼は、ズルいことをやろうとしたり、嫉妬したりするんだよ」

すると、孫は、おじいちゃんに聞きます。

「どっちの狼が勝つの？」

すると、おじいさんはニッコリ笑って言います。

「それはね、おまえが餌をやるほうだよ」

あなたには、どの感情を選ぶかの選択肢があります。

あなたは、ふだんの生活で、どちらの感情をより選択していますか？

感情の場合、ポジティブがよくて、ネガティブがよくないと言っているわけではありません。いまの世の社会では、ポジティブな感情が好ましくて、ネガティブな感情を避けようとする傾向があります。それが、あなたの人生に思わぬ影響を与えることがあります。

もう少し、別の角度から説明してみましょう。

□「ふだん感じていない感情」が、あなたの人生を支配する

あなたは、日常的にはどんな感情を多く感じているでしょうか？

それは、ポジティブなものでしょうか。それともネガティブなものでしょうか。

ふだん、前向きなタイプの人は、楽しいとかワクワクとかを感じながら生きていると思います。それはそれで素敵なことですが、そういう人は、マイナスの感情をできるだけ感じないようにして生活しています。無意識のうちに、悲しみとか、イライラ、怒り、嫉妬といった感情を避けているのです。

気をつけておかなければいけないのは、感情を抑圧していると、何かをきっかけに、ネガティブな感情があなたの中で爆発してしまうことです。

その人のことを思い浮かべたら、にこやかな笑顔しか想像できないような人が、突然キ

レて怒鳴ったり、普通では考えられないような行動に走ったりするのは、自分で感情をコントロールできなくなったためです。つまり、避けていたはずの感情に、支配されることになります。

「そんな日もあるよね」ですめばいいですが、抑圧された感情は、ときに身近な人たちに暴力をふるわせたり、アルコールや薬物に依存したり、犯罪をおかすような行為をさせたりして、やめたいのにやめられないという状況にあなたを追い込んでいきます。

自分の中のダークサイドが、他でもない自分自身の人生を滅ぼすのです。

現代社会を生きていて、ストレスを感じないという人は皆無《かいむ》でしょう。ましてや激動の時代であれば、想像もしていないストレスを感じるのは当然です。

ビジネスの世界が厳しくなればなるほど、焦《あせ》りや怒り、悲しみや不安、そこから生まれる嫉妬や競争心、恨《うら》みの感情が増大していきます。そうしたネガティブな感情を、どう癒やしていけばいいのでしょうか。

まずは、ネガティブな感情から逃げないことです。それを感じている自分を、ないものとするのではなく、ちゃんと受けとめることです。

自分のネガティブな感情を認めることです。

僕たちは、誰もが未熟な存在です。欠点のない人間などいません。

だから、嫉妬したり、怒ったり、ときには恨みがましい気持ちを抱いてもいいのです。

その感情をまず、あなたが認めてあげましょう。

「自分はつらかったんだ」「自分は怒っていたんだ」と、あなたが自分自身を受けとめてあげられたら、抑圧していた怒りや悲しみが、自然と消えてきます。

一方で、ふだんネガティブな感情に浸《ひた》り気味の人は、自分が無意識のうちに、悲しみ、絶望にフォーカスしがちなことを思い出してください。世の中には、楽しいことも、ワクワクすることもいっぱいあるのです。

すると、日常的にも楽しいと感じられることが、増えていくでしょう。

自分の中にある、ポジティブとネガティブの感情を両方とも大事にしましょう。喜びも悲しみも、人生の一部です。

料理と同じで甘い、辛《から》い、苦い、酸っぱいがあって、初めておいしくなるのです。

［8］

社会への
「発信の作法」を学ぶ

□自分のプライベートを、どこまで露出させますか？

さて、あなたは、どれだけＳＮＳをいま積極的にやっているでしょうか。

どれだけ自分のプライベートの生活、考え方などを公開しているでしょうか。

これまでアップしてきたものは、バーチャル空間に残ります。あなたが行った場所、会った人、食べたものなど、いい気になってアップしていたら、それが個人データとして蓄積《ちくせき》されています。そのうちに、ＡＩがもう少し発展してきたら、あなたが好きそうなもの、行きたそうな場所、読んだらいい本が、さりげなく紹介されるようになります。

いまは、せいぜいYouTubeでオススメ動画が出てくるぐらいで、見るかどうかは、あなたに選択肢がありますが、あなたが興味のありそうなブログ、あなたの考え方に近い人が書いた本など、思わず買いたくなるようなものやサービスが、自然と紹介されるようになって、気がつかないうちに自分と同質なものに囲まれることになります。

いま、世界が分断されつつあるのも、同じような考え方をしている人がソーシャルメディアによって、グループ化しているからです。

日本はそこまでではありませんが、アメリカやヨーロッパでは、その人が見ているテレビや新聞の名前を聞くだけで、その人の政治的信条、支持する政党までわかります。

そして、客観的な報道を心がけるよりも、視聴者、読者が喜びそうな記事が編集、時には捏造《ねつぞう》されて提供されています。ファクトチェック機能がほとんどなく、いわゆるフェイクニュースが、Twitter、Facebookで再生産され、それを見た人が、何も考えずに信じ込むようになっています。

知らないうちに、僕たちの生活、考え方が、SNSに支配されているわけです。

Instagram、TikTokに投稿したり、友人や有名人のサイトをチェックしたりしていると、知らないあいだに1時間も使っていた、ということがありませんか？

LINEのチェックも入れたら、逆に、スマホに触っていない時間がない、ということもあるかもしれません。

いまの20代が大変だなぁと思うのは、「ヒマを感じるとき」がなさそうなことです。

僕が学生の頃は、ヒマすぎて何もすることがない時間が結構ありました。

友人たちとも、適度な距離がありました。まあまあ親《した》しい友だちでも、2週間くらい会わなかったり、連絡を取り合わないのも普通でした。電話しかコミュニケーションの手段がなかったので、しかたなかったのです。

アパート暮らしだと、電話がない人もいて、実際にその部屋までたずねていかないと、会えないということもありました。

いまは、親しい友人でも、あらかじめSNSのメッセージで知らせて会いに行くと思います。当時は、連絡手段がないので、いきなり友人が来てしまう、ということはよくありました。それが親しい関係だという証《あかし》だったのです。

いまは、メッセージを送って10分たっても返信がなかったら、「無視されたのかな。変なことを言って気分を害したのかな?」と心配する人もいるようです。

そんなにお互いピリピリしていては、腫《は》れ物に触るようなつき合いになってしまいます。

もう少し自由にならなければ、リラックスした人間関係にはなれないでしょう。

□マウンティングするより、自分の弱さを見せよう

SNSの時代になって、新手《あらて》の詐欺師が出てきました。誇大《こだい》広告のようなプロフィールをつくり、合成写真を使って、派手な生活をアピールして、商品やサービスを売りつけようとする人たちです。

豪華なオフィスや自宅を披露したり、旅先ですごい部屋に泊まっていることを自慢したりします。パーティーでの写真や有名人のツーショットをアップして、信用させるのです。あとから、そういう詐欺師の化けの皮が剝《は》がれて、騙《だま》されたと気がついたときには、投資のためのお金を送金したあとだったりします。

お金持ちは、自分がお金持ちであることをあまり自慢しません。パーティーでも、ちゃんとした人が集まるときは、誰も自分のSNSにアップしていません。それは禁止されて

いるからではなく、それがマナーだからです。たとえば、皇族主催の晩餐会《ばんさん》の写真は、「ロイヤルファミリーとディナーなう」などとSNSに流れてこないでしょう。

そういう意味では、SNSにアップしているだけで、一流とは見なされないのです。

映画スターとか芸能人は別ですが、経済人で一流の人は、自分のプライベートな部分を切り売りしません。

ロイヤルファミリーが、休日に買ったものを披露したり、ランチに何を食べたかをアップしたりしないことを考えるとわかるでしょう。

自分のことを大きく見せようとする人たちに騙されてはいけません。

そもそも、自分の豊かさや人脈の広さを自慢したところで虚《むな》しいだけです。

SNSの時代になって、いい人を演じようとしたり、格好つけたりする人がいます。でも、付け焼き刃《ば》でがんばったり、取り繕《つくろ》ったりしても、いずれボロが出るものです。

それは、雰囲気から、なんとなく伝わるものです。写真や動画からでも、ちょっとしたジェスチャーで、その人の人柄は垣間《かいま》見ることができます。

その意味では、人柄というのは隠せないものです。

SNSを見て、なんとなく「この人はいい人そうだ」「なんだか好きになれない」と思うのは、その人の空気感を感じているからです。

「自分はすごい。他の人よりも幸せだ」とマウンティングしたい気持ちになっても、落ちつきましょう。自分に自信がないから、そういうことをやってしまうのです。それが、見る人にバレていたとしたら、なんともかっこ悪いと思いませんか？

人は、マウンティングされるより、弱さを見せられたほうが、相手に好感を持つものです。

実際、すごい人であればあるほど、自分の弱さを見せられます。

なぜかといえば、弱さを見せても崩れない強さがあるからです。

20代では、たとえ大きく見せようとしても、もっと大きな人たちは、世間にはいくらでもいます。だから、がんばって背伸びして見せようとはしないことです。

自分の未熟さを伝えて、今後に期待してもらいましょう。

そして、できない自分をオープンで見てもらうことで、応援してもらうのです。

□ 1分間スピーチをマスターしておく

いまはテレワークが進み、Zoom や Skype などのテレビ会議やオンライン授業をすることが増えていると思います。

そのときに、自己紹介をしたり、プレゼンをしたりすることがあるでしょうが、ここで好印象を残せるか、普通に終わるかで、あなたの今後が変わります。

たとえば、1分間で要領よくまとまった話ができる人と、何を言っているのかわからない人では、仕事の評価も変わってくるでしょう。

実際の仕事を進めるには、スピーチやプレゼンよりも大切なことがあるとは思いますが、最初の印象は大事です。あなたの話し方が相手の心に届いたとしたら、取引先の担当者もあなたを窓口に指名してくれるかもしれません。

30年以上前の話ですが、メンターの前でした1分間スピーチが、彼に強烈な印象を与えたようで、その後の弟子入りのきっかけになったことがあります。弟子入りしたい人はその場に50人以上いたと思いますが、その中で「あの子は面白いね！」と思われるか、そうでないかでは、チャンスをものにする確率が違ってきます。

僕が当時から始めて今でもやっているのは、ストップウォッチで1分計っての即興スピーチです。最近はスマホのタイマーを使って、いろんなテーマでやっています。

車で移動中や散歩しているときに、ボソボソ独《ひと》り言《ごと》のように練習してみます。テーマは目に入ったもので、何でも構いません。「電柱」が目に入ってくれば、電柱をテーマに1分話してみるのです。桜、紅葉《もみじ》、枯れ葉、猫、自転車、夕陽、危ない車、子犬など、そのときに目に入るものをテーマに決めたら、すぐに時間を計り出します。

誰も聞いていないので、いくらでも失敗できます。

そういう即興《そっきょう》スピーチの練習をふだんからしておくと、「スピーチをお願いします」と言われたときにも、サッとまとまった話ができるようになります。

□「人を動かす文章」が書けると、一生食べていける

動画や写真をＳＮＳに投稿する機会が増えても、やはりフォーマルなビジネスでは、基本、文書やメールでやりとりしていきます。

留守電にメッセージを残して、「コピー機買います！」と言うだけで契約完了ということは、まずないのです。あったとしても、最終的に文書かメールで確認するはずです。

プライベートでは、あまり文章を書かない人でも、仕事では文章を書く機会が多いと思います。とくに若いうちは、そういう仕事がまわってくるはずです。

簿記、会計、英語ができるというのは、できるビジネスパーソンに必須のスキルのような感じがしていると思いますが、実際には、「わかりやすい文章を書く技術」が最も大切です。このところを多くの人は、誤解しています。

口ベタでも、簡潔で、的確な文章が書けるなら、それで仕事ができるようになります。ホームページに載せるセールスの文章も、お客さんや見込み客をワクワクさせるようなものが書ける人は、そうでない人の10倍の売り上げをつくることができます。文章だけで売り上げをつくったり、取引先を増やしたりできる人は、会社からの評価も高くなります。

そうかと言って、誰もがうなるような名文を書く必要はありません。谷崎潤一郎のように、延々と読点がないまま続く名文は、ビジネスではかえって邪魔になります。一つひとつが短く、相手に誤解を与えず、スッと心に入っていく文章を書くことができれば、それはMBAを取るよりも、はるかに価値があります。

それは、ひとことで言うと「人を動かす文章」です。

それを読んだ人が、ワクワクしたり、物を買いたい、行動したいという気持ちになるような文章です。あなたが、文章で人を楽しませたり、感動させられたりしたら、一生食いっぱぐれることはないでしょう。

〔9〕

お金と、ちゃんと向き合う

□自分にとって「お金とは何か？」を考えてみる

20代のあなたは、これまでお金について考えることは、あまりなかったかもしれません。

お金といえば、お小遣いや仕送り、毎月の給料をイメージするくらいでしょう。

大学の授業料とか、旅行や引っ越しのためのお金について考えたことはあるでしょうが、それ以上は、あまり深く考えていないのが普通だと思います。

ここで改めて、次の質問に答えてください。


「あなたにとって、お金とは何ですか？」

「もっとお金が欲しい」と考える人は多いと思いますが、この問いにしっかり答えられる人は少ないと思います。

お金とは、「必要なもの」とか、「がんばって仕事をしたらもらえるもの」「旅行とか飲み会を楽しむためのもの」という答えは想像つきます。

でも、お金って何かと改めて聞かれても、しっかり答えられる人は、20代はもちろん、40代でもそうはいないものです。

では、「どれだけお金が欲しいですか？」という質問に、いくらと金額が言えますか？

自分は、いったいどれだけのお金を生涯かけて欲しいと思っているのか？

そのお金は、どういう仕事（あるいは家事）をやった結果として受けとるのか？

そういうことを20代のうちに考え始めましょう。

「できるだけたくさん欲しい！」なんて言っていたとしたら、小学生と同じです。

具体的に何をやって稼ぐのか、そしてそれをどう使って、貯めて、運用するのかで、あなたの経済的な人生が決まっていきます。

会社員として普通に仕事をしていれば、あまりお金に困ることはないでしょうが、ものすごいお金持ちにもなれないでしょう。

また、専業主婦やアルバイトをやるだけでは、一生お金に不自由することになります。いつも少し足りないので、やりくりのことを考えなければなりません。離婚して生活費がもらえなくなったり、バイトがなくなったりしたら、すぐに困ってしまいます。

将来、困らないためにも、いまのうちから「お金とは何か」を考えておきましょう。お金については、稼ぎ方、使い方、守り方、増やし方を学んでください。

気をつけてもらいたいのは、お金に対しての観念が、あなたの人生のノリまで決めてしまうことです。

たとえば「お金は安心を与えてくれるもの」だと考える人は、お金をできるだけ貯めておこうとするはずです。もし、安心感を得るためにお金を節約しがちな人は、「人生は楽しむためにある」ことを思い出しましょう。

パーティーや旅行にいくことで、新しい出会いがあるはずです。なので、20代は、積極的にお金を使って、体験を手に入れてください。

反対に、お金を享楽《きょうらく》的に使いすぎる人もいます。そうなると、手元にあるお金だけでは足りなくなって、借金をするようになります。カードローンなどは簡単に利用できますが、意識せずに借金をしてしまう仕組みにハマって、困っている人もいるでしょう。

いつのまにか、借金があるのが当たり前の生活になり、深く考えないまま自己破産にまでいたる人もいます。最悪の場合、返済のために犯罪に手を染めてしまうかもしれません。

お金のことをいい加減にしていたら、人生を棒に振ってしまうこともあるわけです。

アーティストなど、すごい才能があっても、お金を上手に管理できなかったために、活動が続けられなくなることはよくあります。

お金と上手につき合っておかないと、いざというときに制限がかかってしまい、やりたいことをストップしなければいけなくなります。

たとえば、なにかのイベントやパーティーに誘われても、「お金がないから」「お金がもったいないから」と断ってしまったことはありませんか？

そのお金を惜しんだことで、チャンスを逃してしまったとしたら、どうでしょう？

「お金がない」という人の中には、本当にお金がない人もいます。それは、もしかしたら使いすぎている、もしくは、お金を使う対象を間違えている可能性があります。

□お金のことで人に感謝されたり、恨まれたりする

お金と上手につき合っていないと、お金に振りまわされる人生になります。

たとえば、「お金のことで少しおかしくなる」人がいることを知っておきましょう。

それを知らなければ、お金のことで、文句を言われたり、恨まれたりすることになります。たとえ理不尽な言いがかりでも、あなたに損させられた、あなたのせいで儲け損《そこ》なったと思う人が、これからの人生で出てくるでしょう。お金は、人の理性を失わせてしまうことがあって、常識的な人でも、おかしなことを言い出すことがあります。

一方で、お金を上手に使うことで、尊敬されたり、感謝されたりもします。

人にお金をあげたり、利益が出るようなアドバイスをしたり、人を紹介してあげたりしたら、「恩人だ」と感謝されたりするでしょう。

僕は、いろいろな人たちをサポートするために、1000円、5000円、1万円、10万円を封筒に入れて持ち歩いています。そのときに出会った人の話を聞いて、お祝い、お見舞い、あるいは応援のために、サッと封筒を出せるようにしています。

また、誰か知り合いが病気や事故に遭ったと聞けば、お見舞いと一緒に現金を送ることもあります。困ったときの10万円、100万円は、実際の金額以上に大きなものとして受けとられます。そのために、一生の恩人だと思う人もいるぐらいです。

自分では、自分にできることをしたという感覚ですが、もらったほうとしては、一生忘れられないような体験になることもあるのです。

では、お金はあげたらいいのかというと、お金の渡し方は意外と難しくて、大義名分のようなものがなくてはいけません。お金をあげることで感謝されることもあれば、それが負担になるという人もいるからです。

「お金をもらうことが、負担になるなんて信じられない！」

という人もいるかもしれませんが、それを受けとると、自分が奴隷《どれい》になってその人の言うことを何でも聞かなくちゃいけないような感覚を持つことがあります。また、そのことで、相手に負い目を感じる人もいます。

お金を貸してくれた相手には、何も言えなくなったり、本当はイヤでも断れなくなったりして、自分の中で不満がたまってしまうことがあります。

最初は、感謝していたことが、いつのまにか恨みに変わることがあるのです。

お金には、そうした魔力があることを知っておきましょう。

お金を与える立場、受けとる立場、どちらも注意が必要です。

20代では、どちらの立場にもなりにくいと思うかもしれませんが、たとえば友達が、病気になったり事故に遭ったりして、ちょっとお金に困っていたとします。

たまたま自分に余裕があって、入ったばかりのバイト代の3万円を貸してあげたい気持ちになることはあるでしょう。

けれども、頼まれてもいないのにそんなことをすれば、友達はバカにされたと思ってしまうかもしれません。よかれと思ってしたことが、結果として、友達を一人なくすことにもなりかねないのです。もちろん、すごく感謝されるかもしれません。

お金を渡す、受けとるというときには、そのタイミングも重要になります。

時に、まとまったお金は、その人の人生を大きく乱すこともあります。

僕の友人が学生のときに、お祖母ちゃんの遺産として300万円を受けとったことがありました。ちょうど就職活動をしていた頃でしたが、彼は、そのお金をもらったことで、働くモチベーションが下がってしまい、就活もやめてしまいました。

その後はアルバイトを転々として、最終的には実家に帰ったそうです。あのまま就職活動を続けていれば安定した生活を手に入れられたのに、もったいないなぁと思いました。

また、知り合いの主婦の話ですが、あるとき父親が亡くなり、2000万円を相続することになりました。「このお金さえあれば、当分は生きていける」と思って、すぐに離婚してしまいました。

ふだんなら、もっと慎重に考えてから行動することも、お金によって人生の方向性を見失ってしまう、ということがあるのです。

お金は果たして、悪魔なのか、神様なのか。あるいは、ただ中立のものとして、人生の可能性を広げてくれるような存在になるのか、考えてみましょう。

□お金のＩＱ、お金のＥＱを高める

お金のことをもっと知りたければ、お金のＩＱとＥＱを高めることです。

「お金のＩＱ」とは「お金の実務面での知識」のことで、会計や税務、ビジネス、法律、投資などの知識や情報をどれだけ知っているかということです。

「お金のＥＱ」とは「お金に関する感情的な知能」のことで、お金といかに健康的につき合うか、ということです。お金を稼ぐのも使うのも、感謝を持って、それができることが大事です。

お金に縁がない人は、お金に対してネガティブな感情を持っているものです。

「お金が欲しい」と思う一方で、無意識では「お金は欲しくない」と思っているのです。

「お金が欲しくない人などいない」とあなたは思うかもしれませんが、もしも5億円の宝くじが当たったとしたら、どうでしょうか。

その使い道で家族ともめることになったり、たくさんの人から借金を申し込まれたりします。お金があるというだけで恨まれたり、いまの仕事を続けるのがつまらなく思えたり、ということが起こるかもしれません。そんな面倒な事態になるくらいなら、「お金なんかないほうがいい」と思う人が、じつはほとんどです。

それが、多くの人が、お金とあまり関わらないようにしている理由です。

お金があってもなくても、お金の法則を知らないと、お金に泣かされることになります。

この「お金の法則」が、お金の知性＝ＩＱであり、お金の感性＝ＥＱです。

お金のＩＱが低いと、いつもお金に困ります。お金のＥＱが低いと、いつもお金に関する不安を抱えることになります。

お金のＩＱは、お金やビジネスの知識、税金、法律などの分野です。そういう実務的なことを知らないままだと、上手に使ったり、お金を増やすことができなくなります。

ＥＱを高めるには、お金に感謝することを忘れないことです。

受けとるときにも、使うときにも、「ありがとう」の気持ちを忘れないことです。

給料や報酬を当たり前だと思ったら、そこに感謝は生まれません。お金に感謝できないというのは、その仕事そのものにも感謝できないということです。

お金を使うときにも、支払う相手に感謝してみましょう。

たいていの人は、「買い物をするときに感謝なんてしない」というでしょう。でも、考えてみると、それを買うことができるというのは、余裕があったわけで、元はと言えば、誰かがあなたにお金を払ってくれたからできることです。

「なんでこんなに高いんだ」と思って渋々お金を使うのでは、イライラするだけで感謝の気持ちは生まれません。

「お金は天下のまわりもの」といいますが、出ていったお金は、まわりまわって自分のところに返ってきます。感謝で送り出されたお金には、いいエネルギーが入って、たくさんの仲間をつれて返ってくるのです。そう思うと楽しくなってきませんか?

お金持ちの人は、「お金が大好きだ!」という人がほとんどですが、それはお金を親友だと思ってつき合っているので、どんどん友達が増えていく感覚なのです。

□お金に振りまわされない人生を生きる

お金のことをあまり考えずに生きていけたら、それだけでも、けっこう幸せな人生ではないかと僕は思っています。そんなにすごい贅沢《ぜいたく》ができなくても、自分が本当にやりたいことがだいたいできたら、豊かな生き方ではないでしょうか。

多くの人は、お金のせいで、好きなことを中心にして生きられない状態になっています。何かをやろうとしても、あるいは何かを手に入れたいと思っても、自分が無意識のうちに決めた予算のせいであきらめるか、グレードを落としています。

たとえば、10万円あったら、自分にとって満足できるものが手に入るのに、予算に合わせた3万円のもので間に合わせて、不便な思いをしたりします。あるいは、あなたが逆側にまわれば、お客さんの予算のために中途半端な商品やサービスしか提供できない、ということもあります。お金の制限がなければ、もっとシンプルに、もっと自分の欲しいものを手に入れることができ、自分が納得のいくものを提供できるわけです。

けれども、お金のことを考えずに、自分のやりたいことができている人は、人口の1パーセントぐらいではないでしょうか。

お金から自由になるためには、どれだけ使っても気にならないぐらい、たくさんの資産を築くか、感情的に自由になるかのどちらかです。

お金持ちになったら、お金の問題からは解放されると思うかもしれませんが、お金はあればあるほど心配の種になり得ます。お金がなかった頃には思いもしなかった心配や問題が生まれるのです。お金があることで人に批判されたり、子どもが働かなくなったり、ということが起こります。

お金がなければないで、嫌いな仕事にしがみつかなければならなかったり、本当はやりたいことがあるにもかかわらず、それができなかったりします。

〔10〕

仕事に
「人生を盗まれない」よう
気をつける

□どれくらい仕事をするのか考えておく

仕事は、人によっては、人生の大半の時間を過ごす活動になります。

自分が選んだ分野で、どれだけ活躍するつもりなのかを、いまから考えておきましょう。

最低線で言うと、「やめさせられない程度に手を抜いて働く」という生き方もあります。

また、ごく普通の仕事をこなすという方法あります。たとえば、お店を開いて、売り上げから経費を払い、残ったお金で生活する感じでしょうか。

会社員であれば、一生懸命にがんばり、時には残業もする。でも、そこまで出世とかにはこだわらず、休日には、旅行や趣味の時間を確保するような働き方です。

公務員や大企業の社員であれば、年次で給料は上がっていくので（少なくとも今までは）、家族が増えたら家を大きくしていく、という生き方も選べるでしょう。

これらが、いわゆる「普通の働き方」です。

もっと積極的に仕事をする、という選択もあります。

会社員でいえば、出世を目指して長時間働くことかもしれません。役員や社長になれば、収入は普通の会社員の何倍にもなり、スケールの大きな仕事もできるようになるでしょう。

あるいは、独立して自分の会社を経営することもできます。

自営業でトップ10パーセントに入れば、その地域では有名なレストランや店舗のオーナーになっていると思います。その地域でナンバーワンの税理士事務所、遠方からも患者さんが通ってくるクリニックなどを経営する「名士」といわれるような存在にもなれます。

どの業界でも、トップ1パーセントに入ったら、5000万円以上の収入になります。

これは、たとえば生花店、クリーニング店、和菓子店でも、複数の店舗を持ってオーナーになることができます。

また、医師、弁護士、歌手、スポーツ選手など、その業界のトップクラスともなれば、数億円の収入を得ることができます。

そういうことを聞くと、「ワクワクする人」と、「そこまで仕事をガツガツやりたくないなぁ」と考える人が出てきます。

「出世や仕事よりも、家族や自分の時間を大事にしたい」という考え方もいいと思います。

では、あなたは、どれくらいの時間を仕事に使いたいでしょうか？

もし、日本で普通の会社で働いたら、起きているあいだの大半の時間を仕事に使わなければいけなくなります。フリーランスや自営業も、上手にやらないと忙しくなります。

あなたにとって、適正な労働時間を考えてみましょう。

そして、「何のために働くのか」についても考えてみましょう。

たとえば、ブラジルでは、「一年に1回のリオのカーニバルのために働いている」という人もたくさんいるそうです。また、イタリア人やフランス人は、一年で1ヵ月近くある夏のバケーションのために働いているといわれます。欧米では、仕事は生活の糧を得る手段で、個人の生活を優先させる考え方をします。

日本人がなぜ働くのかを考えてみると、多くの人が、それが当たり前だからという理由でしょう。他の国の人たちに比べると、仕事によって生きがいを感じたり、充実感が得られたりすることが多いようです。あなたは、そう考えたことはないでしょうが、仕事に哲学的な意味を見出す日本人は多いと思います。

その証拠に、日本人は、もう働く必要がないほどのお金持ちになっても、ほとんどの人がリタイアしません。アメリカ人は30代や40代でもリタイアしますが、日本人の場合は、会長や顧問になって、仕事を続けている人が多いのです。

以前、海外のメディアから英語のインタビューを受けたときに、「どうして日本人はそんなに仕事をするのか？」と質問されたことがありました。過労死するほど日本人は仕事をしていて、それが海外の人たちには不思議に見えるのでしょう。

そのときは、「目の前に仕事があるからだ」というユニークな答えをしておきました。とくに何も考えずにいると、目の前にどんどん仕事が降ってきて、それをこなしているうちに、毎日遅くまで働いているという意味です。

僕が20代のときに、メンターに言われたのは、

"Business creates more business."（ビジネスがさらにビジネスを生み出す）

ということでした。

「Business（ビジネス）」が、さらなる「Business（ビジネス）=Busy-ness（忙しさ）」をつくっ

てしまうという意味で、「気をつけないと、仕事に魂《たましい》を取られるよ」という話でした。

たしかに、優秀な人は、仕事ができるので、もっと仕事を自分でつくり出してしまうようなところがあります。

自分の経営する店が繁盛《はんじょう》してくると、2店舗、3店舗と店を増やしたくなります。そして、10店舗、20店舗にもなってくると、株式公開した方がいいと周囲に持ち上げられているうちに、止まれなくなってしまうのです。

そのうち、不景気が来て、一気に倒産するというドラマをこれまでにたくさん見てきました。ラッキーな場合でも、他の店舗はすべて売却して、最後の1店舗だけでは残るという感じになります。

だったら、多店舗展開はせずに、地道に1店舗だけに資源を集中して経営するほうが、全員にとって幸せなことかもしれません。

すごく活躍する派手な道をいくのか、目立たない地味な道をいくのか。どちらにもプラスがあり、マイナスがあります。どちらのプラス、またはマイナスを取るのかで、自分らしい生き方、働き方が見えてくると思います。

□「努力」と「出世」の法則を知る

仕事は、やればやるほど、一定の「結果」は出るものです。

でも、ただ長時間働くだけでは、たいした結果につながりません。

たとえば、言われたことしかやらない、新しいアイデアが出ない、行動しないのでは、たいして会社から評価されないでしょう。

それは、会社に対しての貢献が小さいためです。出すものが小さければ、受けとるものも小さくなります。それで辞めさせられることはないかもしれませんが、ものすごく出世したり、昇給したりすることもないわけです。

これが「小さく出して、小さく受けとる」という生き方です。

それに対して、「大きく出して、大きく受けとる」という仕事のしかたもあります。あり得ないぐらいの売り上げを出して、大きな報酬を受けとる人がそうです。

アウトプットがあればあるほど、受けとるものも多いというのが仕事の世界です。仕事で言うと、「質×量」が、その人の報酬として受けとるものになるという法則が当てはまります。

これから、あなたはどれだけの「質×量」を出すつもりなのか、考えてみましょう。出しすぎると、自分の大切なものまで差し出してしまう可能性があります。

たとえば、子どもが生まれても、仕事が忙しすぎて夕食を一緒に食べられない、という状態はどうでしょうか。子どもとの時間をもっと持てたかもしれないのに、その時間まで仕事に捧げてしまう生き方です。昭和の時代は、そういう生き方が主流でした。そのかわりに、生活に困ることはない程度の経済的な保証が、得られたわけです。

いまは、それだけ会社に捧げても、昔ほどの安定は得られません。経済が安定していないので、普通の働き方では、そこまでの保証はなく、いつリストラに遭わないともかぎりません。

会社に就職したら、一日の大半をオフィスですごすようになります。そして、その生き方にたいした疑問も持たないかもしれません。

20代は、人生でもっとも楽しい時期です。うまく仕事と距離を取ることができれば、恋愛をしたり、趣味に時間をかけたりすることもできるのです。

大好きな相手と、一年かけて世界を旅する、ということだってできます。

法律で禁止されているわけではないのに、学生時代に数年、時間をとって旅行したりする人は少数派でしょう。とくに就職してからは、20代後半で、2、3年フラフラしてみようという人はほとんどいません。いったん枠から外れたら、元には戻れないからです。

日本人は、つい仕事を人生の中心に置いてしまいがちですが、そうではない選択もあるのです。海外の安宿に泊まったら、世界中から来た若者が長期滞在しています。彼らは、若いうちに世界を見たいと思って、かぎられた予算で海外に出るのです。

日本の若者にも、そういう生き方があるのを知ってもらいたいと思います。

人生は、仕事をこなすだけのためにあるのではありません。

あなたが心から楽しいと思うことをやっていいのです。

□できれば、自分の好きなことを仕事にしよう

仕事のしかた、働き方を見ると、人は二つに分けられます。

一つは、才能を使って生きている人。もう一つは、才能を使わない人です。

どちらの生き方を選択するのか。それによって、人生はまったく違うものになります。

ヘンリー・フォードの言葉で、

「自分の好きなことをやればいい。そうすれば、あなたは一生労働から解放されるだろう」

というものがあります。

同じことをやっていたとしても、自分の好きなことだったら、もうそれを「労働」とは感じないものです。けれども、その仕事を、生活のためにはしかたないもののだと考えていたとしたら、その時点で仕事はイコール労働になってしまうのです。

10
仕事に「人生を盗まれない」よう気をつける

僕が学生のときのことですが、ある日、友人が暗い顔をしていました。

どうしたのかと聞くと、就職で内定をもらったと言うのです。

「じゃ、よかったじゃないか。おめでとう。でも、どうしてそんなに暗いの？」と言うと、

「いや、全然めでたくないよ。就職が決まったということは、これから定年まで、『懲役《ちょうえき》40年』の判決をもらったということなんだよ。4年間の仮釈放が終わっちゃった……」

という答えが返ってきました。

その彼にとって、大学に入学するまでの中学、高校は、やりたくない勉強を強《し》いられた監獄生活でした。大学に入って仮釈放。そしてまた収監《しゅうかん》される＝就職内定だったわけです。

法学部だったとはいえ、なんて暗い考え方をするのだと思いました。でも、よく考えてみると、「やりたくないこと」を仕事にすると考えれば、まさに「懲役」です。

ですが、仕事がすべての人にとって苦しいものかというと、それは人それぞれです。

要は、自分にとってどうなのか、ということでしょう。

同じ会社で、同じ仕事をしていても、それを「懲役」と思う人がいる一方で、「こんなに楽しいことはないので、絶対にやめたくない！」と願う人もいます。

後者が、才能を使って生きている人です。

どちらが人生を楽しんでいるかは言うまでもないでしょう。

仕事は、生活のための報酬を得るためにあります。つまりは、それによってお金をもらうわけですが、「好きなこと」は、お金を払ってでもやりたいと思うことです。

たとえば、自分がつくったラーメンを人がおいしそうに食べてくれることに喜びを感じる人は、自分がそのラーメン代を払ってでも、それをやりたいと思っています。実際は、もちろんお客さんがラーメン代を払うわけです。だから、そのお金を有り難いと思えるのです。渋々ラーメンをつくっていたら、お客さんがお金を払うのは、当たり前になります。

そこに感謝は生まれません。

あなたにとって、自分がお金を払ってでもやりたい仕事は、何でしょうか。

あなたが、心から喜べること、楽しめることは何でしょうか。

できたら、そういうことを見つけて、仕事にするといいでしょう。

そうすれば、あなたは「懲役」からも「労働」からも解放されます。

□スタート地点で、ゴールを想像しておく

20代のあなたは、仕事を始めたばかりかもしれません。まだ就職活動中の人もいるでしょう。そんなあなたに、あえて今、してほしいことがあります。

それは、あなたが人生のゴール＝最期を迎えるとき、仕事に関して何を考えるかを想像してもらうことです。

まずは、3つのパターンをイメージしてみましょう。

「たくさん仕事をしたけど、職場以外の思い出がない……」

「仕事もやったけど、プライベートも充実して、思い出がいっぱいでよかった」

「社会から引きこもっていたので、あんまり仕事に関しての思い出がない」

あなたが人生を終えるとき、何を考えるでしょうか？

仕事だけでなく、ボランティアとして、主婦として、社会に対して、自分が何を与え、受けとるものは何かを考えておきましょう。

たとえば、生活保護を受給するという、もらうのが多い人生。あるいは、税金を普通に納めて、年金をもらう「プラマイゼロ」の人生。たくさん働いて、お金持ちになって、税金をいっぱい払って、寄付もするなど、「与えることが多い」人生。ポジティブな人は、与えるのがいいことで、受けとることはダメだと考えがちですが、そうでもありません。

何がよくて、何が悪いかではなく、自分がどうしたいのか、です。

人生には、与えるときもあれば、受けとるときもある。与えるだけの人もいれば、受けとるだけの人もいる。そのすべてが存在して、社会は成り立っています。

どんな人の人生にも、大なり小なり、リズムがあります。

仕事でも、追い風もあれば向かい風もある。追い風のあとには、向かい風があるし、向かい風が続けば、そのあとには追い風が来るのです。

スタート地点にいる今こそ、仕事に関して後悔のない関わり方をイメージしておきましょう。

[11]

「小さなこと」に、
心をこめる

□心が変われば、行動が変わる

アメリカの心理学者で哲学者でもあったウィリアム・ジェームズ（1842-1910）に、次のような言葉があります。

「心が変われば行動が変わる。
行動が変われば習慣が変わる。
習慣が変われば人格が変わる。
人格が変われば運命が変わる」

運命を変える一歩は、心だということです。

僕は、どんな小さなことでも、心をこめることが大切だと思っています。同じことをしても、そこに心があるのとないのでは、その行動も、そして、その行動の結果も、変わっていくからです。

行動が変われば、習慣が変わります。

習慣というと、早起きや歯磨きなどの生活習慣がありますが、それだけではなく、自分では意識していなくても、オートマチックに行動できていることです。それが習慣なのですが、自然にできるがゆえに、自分でも気づいていないことが、意外に多いものです。

たとえば、なにかのプロジェクトが始まると、何をしてよいか迷ってしまう人がいる一方で、自分のやるべきことがわかって、ササッと段取りよく行動できる人もいます。

誰かに会いたいと思ったときにも、すぐにメールしたり、手紙を書いたりして、その人にコンタクトを取って、日程を決めてしまう人もいます。

20代では、メールは書いても、「手紙を書く」という習慣はあまりないかもしれません。メールどころかLINEしか書いたことがないという人もいるでしょうが、そんな時代だからこそ、普通なら会えないような人に会いたいときには、手紙が効くということもあります。手書きの手紙には、心がこめられるからです。

メールやLINEには、心がこもらないということではありません。手紙と同じように、そこにも真心をこめることはできます。

小さなことに心をこめることは、あなたの想像以上にインパクトがあります。

日常的なことでいえば、挨拶の習慣も大切です。挨拶ができる人とできない人では、雲《うん》泥《でい》の差がつきます。

会社や出先で、あるいは何か集まりがあったときに、普通に挨拶ができる、というのは、当たり前のことのようでいて、習慣がないと、なかなかできません。

日本人は、挨拶にうるさい人が多い割に、ちゃんとできる人は少ないようです。自分では挨拶したつもりでも、小声で届いていない、ということもあります。

たとえば、営業先を訪問するときなど、エレベーターなどでも、「こんにちは」「失礼します」といった言葉が自然に出る人には、誰でもが好感を持つでしょう。

自分が意識しなくても自動的にやっていることが、習慣です。

小さなことにも心をこめる習慣を、ぜひ身につけてください。

□好きなことが多いほど、人生は楽しくなる

人生は、好きなことがたくさんあると、その楽しさがずいぶん違ってきます。

たとえば、大好きな人と一緒にいる人生と、好きな人が誰もいない人生があるとしたら、前者のほうが楽しい人生であることは説明するまでもないでしょう。

□大好きなことをする
□大好きな場所に住む
□大好きな国を旅する
□大好きな仲間と一緒に楽しいことをする
□大好きな場所で食事をする

自分の「大好き」に囲まれている人は、当然のことながら、人生に対する満足度が高くなるし、結果として、幸せ度も増します。

ところが、それができていない人は、案外多いようです。

たとえば、好きでもない人と一緒に住んで、つまらない仕事をしている人。

たいして好きでもない街に住み、たいして美味しいとも思えないものを食べ、たいして好きでもない洋服を着て、そして、あんまり帰ってきたくない家に帰るライフスタイル。

これでは幸せ度は高まりません。人生を楽しいとは思えなくなるのも当然でしょう。

なぜ、そんな生活をしているかといえば、たいていの人は、「お金の制限もあるし、しかたがない」と答えるかもしれません。

けれども、大好きなものとお金は、じつはあまり関係ありません。

住む家で言うなら、豪邸でなければ幸せになれない、ということはありません。

値段の高い安いではなく、自分にとって心地いいか、快適かどうかが大切なのです。

部屋にテーブルを置くとしたら、どんなテーブルを選びますか？

「とりあえず5000円以内で買えるもの」と答えた人がいました。

普通に働いていたら、20代のうちは使えるお金も多くありません。僕自身、自分の20代を振り返ると、安く買えただけで得した気分になって、自分がそれほど好きでもないものに囲まれていたように思います。

要は、自分の好き嫌いではなく、値段の安さだけで、それを選んでいたわけです。テーブルひとつにしても、材質や匂い、色や形はさまざまです。

何を選ぶときにも、「これを自分は好きなのか」を考えてみましょう。

気持ちが落ち込んだり、人生に迷ったりしているときには、自分は何が好きなのかがわからなくなってしまいがちです。

「好きな食べ物は何か？」と聞かれても答えられず、実際、何を食べても、そのおいしさを感じられないのです。

人生をつまらないと感じたり気持ちが落ち込んだりすると、世界は色も匂いもなくなります。もちろん本当は色も匂いもあるのですが、それに気づけなくなってしまうようです。

□「ワクワクが止まらなくなること」を思い出そう

「好きなものなんてない」という人でも、小さい頃もそうだったという人は、まずいないでしょう。どんな人でも、子どもの頃は、好きなことが何かしらあったはずです。

たとえば、

「自然の中にいる」
「プラモデルをつくる」
「コンピューターゲームをする」
「友達と一緒にいる」
「何かものをつくる」
「本を読む」

――それをしていると、時間があっというまに過ぎてしまうほど、熱中していたことがあるはずです。

そうした「気づいたらハマッている」「ワクワクが止まらない」「途中でやめるなんてムリ!」ということを思い出してください。

そして、大人になった今も、子どもの頃とは変わっているかもしれませんが、あなたが楽しくやれることを意識して増やしてください。

なぜ意識するかというと、年を重ねれば重ねるほど、とくに社会人となって毎日が忙しくなっていくと、「好きなこと」を我慢するようになるからです。

子どもの頃に楽しかったことができなくなったのも、勉強や部活など時間がなくなっていったからでしょう。20代になったら、その傾向がより強くなっていきます。

とくに日本人は、趣味や楽しみは「老後に取っておく」という人が多いのです。それまでは一生懸命に働いたり、子どもを育てたりしなければならないと考えるからですが、それは昭和、平成までの考え方です。

リモートワークなどが進むと、自分のための時間がつくりやすくなります。

これまでは後まわしにしていたことを、いまなら楽しめるはずです。

自分の「好き」を優先できていると、住む場所や就職先を決めるときにも、それを優先させることができるのです。

たいていの人は、就職のとき、その会社の業務内容よりも、将来性や給料、福利厚生を見て、就職先を決めます。

結果として、自分の「好き」は後まわしになって、好きでもない場所で、好きでもない仕事をすることになります。

自然の中にいることが好きなのに、都会の大きなビルで働くのはどうでしょうか。

ものをつくるのが好きなのに、接客だけの仕事をするのはどうでしょうか。

おしゃれすることが好きなのに、好きな服を職場に着ていけない。髪を染めたり、ネイルも禁止されたりする環境での仕事は楽しいでしょうか。

自分が小さい頃のことを振り返って、何が好きだったか、どんなことが楽しかったかを思い出しましょう。そして、それを我慢するのではなく、自分の生活、日常に「好きなこと」を増やしていきましょう。

〔12〕

家族について考える

□家族とのつながりが、あなたの人生の基盤になる

あなたは、自分の家族と、どんな感じでつながっていますか。

家族とのつながりについて聞くと、人によって全然違うことに驚かされます。

たとえば、20代で、親元を離れて一人暮らしをしている女性は、母親に毎日電話しているそうです。そういう親孝行の人がいる一方で、「そういえば、父親の声を、もう3年も聞いていないなぁ」という人もいます。そして、それに対して、なんとも思っていなかったりします。

「家族のLINEで1日3、4回やり取りがある」という20代もいれば、「親のLINEを知らない」、極端だと「親の新しいケータイ番号を知らない」という人だっています。

連絡をとることで「つながり」を感じられる人もいれば、連絡しなくても「つながって

いる」と感じている人もいます。

親や兄弟姉妹など、家族とのつながりというのは個人差があるものですが、そうした「家族のルール」は、自分の「人生の基盤」になります。

たとえば両親の仲がよくて、家族もしょっちゅう連絡を取り合うような環境で育った人は、自然と「自分もこういう家族をつくりたいな」と思うようになるでしょう。

両親の仲が悪くて、子ども時代に楽しい思い出がない人は、結婚することや子どもをもつことに否定的になりがちです。

「家族」について考えるとき、ジワジワッと幸せな気持ちになる人もいれば、「できるだけ考えたくないな」とネガティブな気持ちになる人もいます。

家族のことを考えただけで、頭が真っ白になってしまう、という人もいます。

一緒に暮らしていなくても、家族との関係が、無意識に大きな影響を与えます。

親や兄弟姉妹と密なコミュニケーションがあって、平和で思いやりに満ちている家庭もある一方で、何かと言えばイヤミを言い合うようなネガティブなエネルギーが渦巻いているような家庭もあります。

母親とあまり連絡を取りたくないという女性は、「心配ばかりされることが負担なんです」と言っていました。結婚や仕事、お金のことなど、親からすれば、娘が困ったことになっていないかを心配しているだけなのかもしれません。

でも、娘にしてみれば、それが鬱陶《うっとう》しく思えるわけです。連絡しても同じことを言われるだけだと思うと、「電話したくなくなる」という気持ちもわかります。

一緒に暮らしていなかったり遠くに住んでいたりする場合、親に連絡するたびに、「こんどはいつ帰ってくるの？」と聞かれるのがイヤだという人もいます。

僕も、30年前にはあなたと同じ立場でしたが、いまでは親の立場になりました。なので、親の面倒くさいエネルギーのウザさもわかるし、子どものことで心配する親の気持ちも理解できます。どちらも悪意があるわけではないのに、親も子どもも、コミュニケーションの取り方が上手でないために、こうしたすれ違いができてしまうのだと思います。

家族とは、不思議な存在です。つながっていると幸せを感じやすく、そうでないと、不安、イライラ、怒りを感じやすいものです。

□親のことで知らないことは多い

親子とのつながりを見ていくと、面白いことがわかります。小さい頃からつながっていた精神的な糸は、10代の反抗期の頃に、たいてい一度は切れることです。

それは子どもが成長していく過程で、普通にあるプロセスです。

宇宙ロケットは飛び立って大気圏突入のときに、一度通信が途切れ、宇宙空間に入ると、また交信が復活することは多くの人が知っていることだと思います。

親子のつながりも、これと似ていて、子どもが10歳ぐらいまでは親の大気圏にいるようなもので、それまでは、密接な関係があるわけです。

15歳から18歳くらいで、大気圏を出るときのように音信不通になります。場合によっては、10歳ぐらいで交信を断つ早熟な子どももいるし、反抗期もなく、ずっと交信が続く人もいます。あなたは、どちらのタイプだったでしょうか。

たいていは、宇宙空間に入ると交信が復活するように、20歳を過ぎて社会人になる頃には、親とも新しい関係を築くことになります。

なかには、大気圏を出たら「さよなら」と言って、もう二度と帰って来ない人もいます。

彼らは、完全な親離れを果たすことになりますが、野生動物は、だいたいそんな感じです。

多くの人にとって、親は、自分が15歳のくらいのときのイメージのままで、そのあとアップデートされないことが多いでしょう。

「お父さんは、どんな人ですか」「お母さんは、どんな人ですか」と聞いても、ほとんどの人が、「サラリーマンです」「教師です」「看護師です」「主婦です」と、親の職業を答えるでしょう。

「どういう人物でしたか」と聞いても、「いい人です」「明るい人です」「愚痴ばかり言う人です」くらいしか出てこないものです。

親がどんなことで喜んだり、悲しんだりするのかといえば、じつは「さっぱり、わからない」ことに、びっくりするかもしれません。

大人になってコミュニケーションを取っていないかぎり、自分の親がどんな人間だったのかを多くの人は知らないままでいるのです。

たとえば親友なら、どういう食べ物が好きか、好きな映画が何か、好きな人のタイプといったことは、だいたい知っているものです。

でも、親の場合は、「油物が苦手だったな」とか「ナスが好物」くらいは覚えているかもしれませんが、人間的な部分まで、じつはよく知らない人が多いのではないでしょうか。

そこまで関係が悪くない人は、親孝行しなくてはいけないなぁと、頭の片隅で思いながら、勉強や仕事で忙しくなって、実際にはあまりできていなかったりするでしょう。

また、子どもは、親がしてくれたことはあまり覚えていなくて、逆にしてくれなかったことの苦々しさだけはよく覚えているものです。そのために、親とはあまり関わりたくないと思ってしまうほどです。

それでも縁を切りたいほど仲が悪いわけではなく、「なんでお父さんは、あんなことをしたんだろう」とか「なんでお母さんは、あんなこと言ってくるんだろう」というように、理解できないままでいるという人が多いでしょう。

□兄弟姉妹との関係が、仕事にも影響している

兄弟姉妹との関係も、また人それぞれで関係性がまったく違います。

「お姉さんとは大親友」という人もいれば、「18歳から10年も連絡がない」「とくに会う必要はない」という兄弟姉妹もいます。

「兄弟姉妹とつながること」は、仕事上の人間関係を構築していくときに、影響が出る大事なポイントです。

たとえば、兄や弟と仲がよくない人は、男性の同僚や、先輩、後輩とつながるのが下手な人が多いのです。

姉や妹とうまくいかない人、ずっとケンカしていたという人は、女性の目上の人、女性の後輩とよくトラブルになるケースをたくさん見てきました。

兄弟姉妹と仲がいい人は、大学のサークルなんかでも、人間関係も上手だったりします。

以前、「目上の男性といつもトラブってしまうんです」という相談を受けたことがありました。

「お兄さんはいますか?」と聞いたら、「いますけど、どこにいるかわかりません。生きているのかもわからないなぁ……」という答えが返ってきました。

さらに、どんな人かを聞いてみると、「もう、とにかく最低なヤツで……」と、その後は、延々とお兄さんとの悪口になってしまいました。

目上の男性とトラブってしまうのは、「目上の男性」とお兄さんが重なってしまうからです。お兄さんに対して持っていた反発の感情や恨みを、無意識のうちに、「目上の男性」にぶつけていたのです。

後輩の女性といつも揉《も》めてしまう、という女性は、妹との関係がうまくいっていませんでした。話を聞くと、「上手に甘える妹に、いいところを全部取られた姉」の典型的なパターンでした。

甘え上手な人がいる一方で、甘えるのが苦手な人がいます。

上手に甘える妹に似た後輩に、嫉妬の気持ちを抱いてしまったのでしょう。

そして、どんな職場にも、そんな妹のようなタイプの後輩たちがいるものです。ちょっとしたことで、彼らの行動と妹が重なって、「もう許せない」という気持ちになって、後輩たちに怒りをぶつけてしまうわけです。

このように、兄弟姉妹とうまくつながれない人は、それが職場での人間関係にも影響を及ぼすのです。

これを解決するには、兄弟姉妹との関係を癒やすしかないわけです。

実際に連絡をとってみたり、手紙を書いてみるのもいいと思います。投函しなくても、自分の気持ちが整理できるでしょう。

一人っ子の場合は、友達と上手につながっているかどうかがポイントです。

友達とうまくつながれる人は、兄弟姉妹との関係がうまくいっている人と同じで、職場での人間関係もうまくいきます。つまりは、社会性があるということです。

一人っ子にかぎらず、その人の社会性は、どれだけ上手に年上や年下の人とつき合ったかの歴史なのです。

□家族との癒やしは一生続くテーマ

家族関係には、喜びと痛みが同時に存在するものです。

小さい頃に両親に言われたことや兄弟姉妹にされたことで、「大人になっても忘れられない」と苦々しく思っている人は、案外多いのではないでしょうか。

そういう苦々しさが、心にたまっていて、家族との不和がうまく解けていないのです。

「お父さんはいい人だけど、一緒にいるのはイヤだ」

「お母さんは嫌いじゃないけど、苦手」

という人が多いのは、そのためです。

親子、兄弟姉妹の関係では、好きと嫌いが混在しているのが普通です。

それだけお互いの距離が近いせいですが、仕事で起きる人間関係のトラブルは、ほぼ家族の問題が投影されたものとして出てきます。

自分の家族を持った場合には、自分の夫や妻、子どもの関係で、また違うバージョンの課題をやることになるのです。

その意味で、いま家族が一緒にいてもいなくても、もともとの「家族との癒やし」というのは、一生のテーマになります。

人間関係でのトラブルを解決しようとしたら、あなたの元の「家族と癒やし」がテーマになってくると思います。

大元の原因が解決しないと、たとえ目の前のトラブルは解決できても、また別の課題＝トラブルが出てきます。

上司とうまくいかないと思ったら、父親、母親との関係を見直してみましょう。

家族とのつながりをもう一度見直すことで、うまくいかない上司や先輩、後輩、取引先の人たちとも、強い絆ができるようになるかもしれません。

[13]

愛の意味を知る

□自分にとっての愛とは何か

20代は、愛とは何かを考えるのに、とてもいいタイミングです。

「愛」というと、どちらかといえば、恋愛的な愛を考える人が多いと思います。

恋愛には愛情と欲情の両方の側面がありますが、20代の愛は、どちらかといえば、欲情のほうが強いでしょう。これが30代、40代、50代、60代になると変わっていきます。

自分にとって「愛って何なのか」をこの機会に考えてみてください。

その答えは、人によって、まったく違うと思います。

たとえば、相手に尽くされることが愛だと考えている人がいます。逆に、自分を犠牲にして、すべてを差し出すのが愛だと思っている人もいます。

あなたの愛の定義によって、全然違う恋愛体験、結婚生活、家族関係になっていきます。

愛は犠牲を強いるものだと思っていたら、自分にも相手にも犠牲を強いる関係になりがちです。そうなると、自分の仕事をあきらめて家庭に入ったり、相手に合わせるようになってしまいます。自分の人生をあきらめることが愛だと言い聞かせて、ずっと苦しむことになるでしょう。

でも、10年もたてば、それが愛でも何でもなかったということに気づいたりします。パートナーに対して、「いままでの人生を返してほしい」という気持ちにもなりかねません。

愛されている状態のイメージも、千差万別です。たいていの人は、「きれいだ」「素敵」「かっこいい」と相手からほめられたり、プレゼントをもらったりしたら、愛された感じがすると思います。

ところが、相手から罵倒《ばとう》されたり、ネガティブなことを言われたり、意地悪されるほうが、愛されていると感じる人も数パーセントはいるのです。それほど愛というのはプライベートなもので、まわりにはわからないものだということです。

一年に一度しか会わなくても、愛し合っているというカップルもいます。そのほうが楽な人もいます。肉体関係がないカップルもいます。

両思いでなく、一方的に相手を大切に思っている。その気持ちを相手が知っていなくてもいいという人もいます。これも、やはり一つの愛の形だと思います。

20代だと情熱的な愛を求めがちですが、「そんなのでつき合っているって言える？」と思うような、遠赤外線のように、じわじわと温かい愛もあるのです。

不倫に走るのも、不倫を許せないのも、愛の一つの形です。

相手のことが好きで好きでたまらなくて、相手が他の誰かを好きになるなら、もう両方とも殺してしまいたい、という激情を抱く人もいます。実際に、実行に移すことはなくても、その気持ちに共感する人は少なくないでしょう。

自分だけを見てほしい、というのは、愛ではなく、自分の要求ですが、そう簡単に手放せる人は多くないでしょう。嫉妬の気持ちが強すぎて、相手に異性と外で食事をすることさえ禁じる人もいます。傍《はた》から見れば、わがままな愛かもしれませんが、ある意味とても正直な思いだといえないこともありません。

愛をめぐるドラマは、小説、映画の永遠のテーマです。あなたにとっての愛は、どんなものか、あなたの実際の人生で体験することになるでしょう。

□ 恋愛と友情についても考えておこう

20代にとって、「恋愛と友情の線引き」は、よくわからないものの一つでしょう。

恋愛関係になってもいいほど大好きな相手と、友情は成り立つのか。親友といえるような相手との恋愛はあるのか。これは永遠のテーマです。

友情が恋愛に発展していくこともあれば、恋愛の中に友情が生まれることもあります。

それは体験してみないとわからないことですが、恋愛感情として相手を愛おしいと思う気持ちと、友達のことが大切だと思う気持ちは似ています。

たとえば男性同士には、ホモセクシャルではなくても、「こいつのために俺は死ねる」というような親友に対する友情もあります。

そうした感情を持てること。そういう感情を持てる人と出会えた経験があるのとないのでは、人生観はまったく違ったものになります。

友情を育てられるから、誰かのことを愛することができるようになる、ということもあると思います。

現代社会においては、少なくとも男女関係やパートナーシップは、二つ以上持ってはいけないという不文律《ふぶんりつ》があります。

なかには、複数の人と恋愛関係を持ってしまう人もいます。僕は、そういうタイプを「人類愛の人」と呼んでいますが（笑）、最近では、この人類愛の人が増えてきたように感じています。時代が変われば、そちらのほうがノーマルになるのかもしれません。

愛の形はさまざまだというお話をしてきましたが、それ以前に、人間関係も、いろいろです。昔なら、学生時代の友達や仕事仲間、せいぜい趣味が同じ人たちとつながるくらいだったのが、ケータイのアドレス帳を見ればわかるように、いまは何百人とつながっています。出会う人が、それほど多くなっているわけです。

ただの知り合いもいれば、友達、親友になっていく人もいる。また、恋愛関係になる人もいるわけですが、その境界線があいまいになっているのが、いまの時代です。

愛について考えたときに、1対1の関係では息苦しさを感じる人もいるかもしれません。1人×複数、複数×複数の関係のほうが自然でいられるという人もいるのです。

あるいは、恋愛関係を持つことに興味を持たないアセクシャルという人もいます。

恋愛は、楽しいものですが、苦しみも生み出します。なので、恋愛がないと不幸かといえば、そんなことはありません、

パートナーシップを持たないほうが幸せだという人もいます。ある意味で正解です。

実際に、幸せの研究では、いちばん幸せな人は、恋愛関係を長く続けられた人。2番目に幸せなのは、シングルの人。生活のペースが乱されないからです。3番目は、パートナーがいるけど、いつもケンカしている人。ストレスがいっぱいです。最後は、パートナーと最悪な状態になり、離婚で裁判したり、敵対状態にいる人です。

そう考えると、恋愛は、ハイリスクハイリターンの世界です。若い人が、および腰になるのもわかります。

パートナーを持つなら、努力して幸せな関係を築くことです。それができないと不幸になるので、シングルでいたほうが平安な日々が送れるということも知っておきましょう。

□本当の愛とは？

多くの人は、愛とそうでないものを混同しています。

愛とは、無条件で与えるものです。

「愛をやるから、何かくれ」と言うのは、愛ではありません。

チャック・スペザーノ博士は、『傷つくならば、それは「愛」ではない』（ヴォイス刊）という本を書いていますが、その中には、愛に関しての洞察《とうさつ》がいっぱいあります。あなたが傷つくとしたら、それは、ニーズ（満たされない思い）があったからです。

相手が好意を持ってくれるかどうかに関係なく、相手のことを想うのが愛です。もし、何か返ってこないから傷ついたとしたら、そこには、期待があったからなのです。

見返りを期待せずに、与えられるか、考えてみてください。

これからの人生で、あなたが愛の人になれるかどうかで、体験が全然違ってきます。

愛に関しては、3つの生き方があります。

最初は、愛を欲しがるタイプです。この人たちは、いつも愛してほしい、こっちのほうを見てほしいという感じになります。残念ながら、そういう人には、なかなか愛は来ません。なので、彼らはますます愛の飢餓状態になっています。そんな感じで、注目を浴びたい、かまってほしいという人は、世の中にたくさんいます。

2番目のタイプは、ギブアンドテイクの人です。これをあげたから、何かちょうだい、と言うタイプ。ややビジネスライクなところがありますが、フェアな感じもします。

3番目は、ただ与えるタイプです。どんなときも、与えようという姿勢のある人は、まわりからも尊敬され、愛されます。僕のメンターには、このタイプが多かったように思いますが、一緒にいて、とっても居心地がよかったです。このタイプの人は、誰からも愛され、大切にされます。なぜなら、みんな愛でいっぱいの人のそばにいたいからです。

あなたは、いま、どのタイプの人ですか？

そして、将来、どのタイプの人になりたいですか？

□ハートブレイクを経験した人は強い

「ハートブレイク」――失恋と訳されるかもしれませんが、英語では恋愛だけにかぎりません。言葉の通り、心が壊れてしまうような悲嘆《ひたん》、悲痛の意味になります。

もしあなたがハートブレイクを体験したとしたら、それはあなたが全身全霊でチャレンジしたからです。

恋愛の場合には、大好きな人に対して、心を開いてぶつかったからこそ、撃沈《げきちん》したわけです。本当は好きなのに、自分の気持ちを相手に伝えない、というのでは、相手に断られることもないので、悲嘆にくれることにもならなかったでしょう。それだと、ハートブレイクしない代わりに、愛し愛される関係も持てないということです。

ハートブレイクは、リスクを冒《おか》して挑戦した証です。

挑戦した自分をほめてあげてください。

これは恋愛だけにかぎらず、たとえば受験や就職、起業するときにも、その可能性が出てきます。

第一志望の学校を受験するとき。

第一志望のサークルに応募するとき。

第一志望のゼミに応募するとき。

第一志望の会社の採用試験を受けるとき。

やればやるほど、ハートブレイクの可能性はあるわけです。

それほど欲しいと思っていたわけではないものでも、手に入らないとなると悔しく悲しいものです。本当に欲しいと思っていたものであれば、尚更《なおさら》でしょう。

「がっかりするのがイヤだから、自分は人生で高望みしない」という人がいました。

そういう考え方もあるのかと納得してしまいましたが、「がっかりしないこと」が彼の人生の処世術だったわけです。

同じような話ですが、合コンに行ったら、いちばん人気のない男性を狙《ねら》うという女性がいました。

そうすると、絶対にと言っていいほど、相手からアプローチがあるそうです。

「だから自分から好きになったこともなければ、告白したこともありません」と言い切っていましたが、本当にそれでよいのでしょうか。

自分が傷つかないようにすることは、精神衛生上大事なことです。

でも、だからといって、本当に欲しいものを最初からあきらめるのは、もったいなくないですか？

20代のうちは、自分の「大好きだ」という気持ちを優先して、当たって砕けることも覚悟のうえで、どんどん挑戦してほしいと思います。

ハートブレイクは、たしかにつらいものです。

でも、20代であれば、必ず立ち直ることができます。

ハートブレイクは、挑戦者にのみ与えられる勲章《くんしょう》です。

その勲章があるかないかで、この人生で手に入れられるものが変わってくるのです。

□断られるのを覚悟で、大好きな人に告白してみよう

いま、あなたには大好きな人はいますか？

その人は、あなたのそういう気持ちを知っていますか？

もしも知らないとしたら、思い切って告白してみますか？

「そんなことをしてフラれちゃったら、どうするんですか」とあなたは考えるかもしれません。たしかにその通りで、告白したら、断られる可能性がゼロとは言い切れません。

むしろ、断られる可能性のほうが高いかもしれません。

「だから、告白しない」という人は、案外多いのです。

けれども、面白い人生を生きるうえでいちばん大事なのは、自分が傷つく可能性のある場所に、あえて行くことなのです。

僕はこれまで、いろいろな年代の人たちにインタビューしてきましたが、どの年代の人に聞いても、人生の多くの後悔は「やれたのに、やらなかったこと」なのです。

「独立するチャンスがあったのにしなかった」

「つき合ってくれと言われたのに、なんか恥ずかしくて断ってしまった」

というようなことは、誰にも経験があるものです。

40代、50代で結婚していない人の中には、一度や二度は、候補の人が現れて、プロポーズされたことがある人も多いのです。

断ったのは、もっといい人がいるかもしれないと思ったという理由です。そして、その後、長いあいだ、そういう人は現れなかったのです。

恋愛でも、恋愛以外でも、自分から行くというのは大事なことです。少なくとも、「やらなかったこと」としての後悔はなくなります。

20年後、30年後に後悔しないために、いま行動を起こしていきましょう。

そのためには、「自分は誰が好きなのか」「どんな人に惹《ひ》かれるのか」ということを自分で知っておくことです。

[14]

ヤバいくらい
大きな夢を持つ

□いま、何でもやっていいと言われたら？

あなたには、何か夢がありますか？

小学生に聞いたら、みんなワイワイ言いながら、「私は、モデルになりたい」「僕はパイロット」「サッカー選手」「ユーチューバー」「社長」「パティシエ」「お母さん」とか、自分の夢を大声で語ってくれます。

でも、20代に同じことを聞くと、まず一緒にいる仲間をチラッと見て、大丈夫そうなら、遠慮がちに、「じつは……」と小声で言ってくれます。

「夢なんて特にないなぁ」という人も、たくさんいるでしょう。ほんの10年ほど前まであった夢は、どこかに消えてしまったのです。

あれほどワクワクしていたことに対しても冷めてしまっている自分に、あなた自身が驚いているかもしれません。

ここで、もう一度、自分の夢は何かを思い出してみましょう。

いま、あなたがやってみたいことは何ですか？

「何でもやっていいよ」と言われたら、何をしますか？

「お金がいくらかかってもいい」と言われたら、どんなことが思い浮かぶでしょうか？

□海外に留学する
□自分のお店を持つ
□独立して自分の会社を経営する
□大企業のトップになる
□役所に入って、地域を活性化する
□ダム、飛行機、発電所をつくる
□宇宙に行く
□結婚して子どもを3人持つ

□**親に家を建ててあげる**
□**外国語をマスターする**
□**海外に移住する**
□**本を書く**
□**歌手になる**

一つ思いつくと、「それなら、これもある」「あれもやりたい」というふうに、やりたいことは、どんどん出てくるかもしれません。

それをすべて書いておきましょう。夢は、一つでなければならないことはありません。いまは不可能に思えることも、数年後には「どれも叶っていた」となるものです。

大切なのは、夢を忘れないこと。

あきらめなければ、その夢が叶わなくても、きっとまたいいことがあなたのもとにやってきます。それが、夢を持つ素晴らしさです。

□個人的な夢、社会的な夢

あなたにも、自分の夢が、おぼろげながら見えてきたでしょうか。

「はっきり見えてきた！」という人は、それだけで夢に一歩近づいたといえます。

なぜなら、夢のために、いま自分がやるべきことも見えてきたはずですから。

まだボヤけたままだという人も、心配いりません。ある日、「自分のやりたかったことはコレだったのか」とわかることがあるからです。

ところで、夢には二つの種類があります。

一つは、個人的な夢です。

「留学したい」「家を建てたい」「子どもを持ちたい」「海辺に住みたい」「外国語をマスターしたい」というような、自分自身のための個人的なものです。

もう一つは、社会的な夢です。

「地域を活性化させたい」「学校をつくりたい」「公園をつくりたい」「ペットを救いたい」という夢は、自分個人のものではなく、社会の利益になっていくものです。

個人的な夢なら「叶えられるかもしれない」と思っても、社会的な夢は、とうてい実現するのが難しいと思うかもしれません。

個人的な夢は自分の力だけで何とかしなければなりませんが、社会的な夢であれば、力を貸してくれる人たちや団体が現れるかもしれません。

たとえばクラウドファンディングを起ち上げるだけで、その夢が一気に叶うこともあります。それによって救われたり、幸せになったりする人がいるわけです。

誰かを幸せにすることで、自分も幸せを感じることができます。

自分の個人的な夢を叶えることは楽しいですが、誰かの役に立つことができるのは、それ以上の喜びを人生にもたらしてくれます。

とはいっても、だから社会的な夢でなければならないということはありません。

夢は、それ自身が育っていくところがあります。

最初はごく個人的な夢だったのに、いつのまにか、その夢が、社会的な夢になっていくことがあります。

たとえば「本を出版したい」というのは、最初は個人的な夢かもしれませんが、実際に出版されれば、それによって多くの人の人生を変えることになります。

ということは、自分以外の人たちにも夢を与え、そのインパクトがまわりにも広がっていくのです。そうなったら、それはもう、社会的な夢になったと言えるでしょう。

いまの時点では、「そんなことは無理だ」と感じるようなことでも、自分が成長することで、それが可能になることがあります。あるいは、誰かの助けを得られるかもしれません。

あなたがやりたいことは何ですか？

無理そうに思えることほど、じつはあなたが密《ひそ》かにやりたいと考えてきたことかもしれません。

□大きな夢を見ることのパワー

20代の夢は大きければ大きいほどいいと、僕は考えています。

小さな夢がいけないというのではありません。年齢を重ねていくと、どうしても現実的になってしまうので、最初は、ヤバいくらいの大きな夢を持ってほしいのです。

いまのあなたに大切なことは、「遠慮しないこと」です。

大ボラ吹きでいいのです。実現しなくても、何の問題もありません。言うだけでリスクもありません。なので、あなたが考えられる中で、最高の夢を語ってください。

それを語っただけで、背筋がゾクゾクしたり、冷や汗をかくような夢です。

「これから、もう何の遠慮もしない」と決めたら、あなたの生活や行動は、どんなふうに変わるでしょうか。

人の目や自分の立場を気にすることなく、言いたいことを言って、やりたいことをやる人生です。

僕の夢は、世界的な作家になる、日本を代表する講演家になる、何百万人もの人生に影響を与えるといったものでした。30年の時を経て、それが実現しつつあります。

自分に「ＯＫ」を出して、何でもアリにしてみてください。

そうすると、夢もふくらんでいくはずです。夢を見るのに、遠慮はいりません。

自分一人では抱えきれないくらい、大きな夢でもいいんです。

むしろ、そんな大きな夢が持てたら、その夢が、あなたにパワーをくれます。

「そんなことは無理じゃないか」

「できるはずがない」

と一瞬考えてしまうと思いますが、それは、いまの状態だから無理なのであって、ずっとそうではありません。

「言ったもん勝ち」という感じで、ゲーム感覚で自分の制限をはずしましょう。

〔15〕

「ダメダメな自分」を受け入れる

□どんな人も「ダメダメな自分」とは向き合いたくない

誰しも失敗はしたくないし、がっかりしたくありません。

うまくいっていないところを見たくないし、向き合いたくないものです。

模試を受けたり、お金がいくらあるのか調べてみたり、ダイエットする前に体重計に乗ってみたりするのは、どれも気が重い作業です。

なぜかと言うと、「自分はダメな人間だ」と思いたくないからです。

「成績が悪い自分」「志望校には受からなそうな自分」「お金のない自分」「ダイエットできない自分」「いつも時間に遅れがちな自分」を認めるのはつらいものです。

そんな自分について、友人が悪口を言っていると聞いたとき、世界がガラガラと崩れ落ちそうな気持ちになったことが今までにあるでしょう。

人に悪く思われたくない。できれば、「いい人だ」「あの人はできる」と思われたいと誰もが考えます。でも、「そうじゃないんじゃないか」という疑いが、なんとも言えない苦しさを感じさせるのです。

じつは自分がどれだけダメなのかを、誰よりも自分が知っているから、ということもあります。

それで、つい、いい人を演じたり、本当はやりたくないことを引き受けたり、面倒な飲み会やパーティーなどに顔を出したりするのです。

でも、そういうことをしたら、ダメな自分がいなくなるかというと、相変わらず、「ダメな自分」は、あなたの中にいます。どれだけ友達やまわりにいい顔をしても、それでダメな面を解消できることはありません。完璧になれるわけではないのです。でも、その事実を認めてしまえば、たちまち明日への希望は打ち砕《くだ》かれてしまいます。

「ダメな自分」にできることなんて何もない、と考えるしかなくなります。それで、そういう部分から、できるだけ目をそらしているのです。

□どうして「自分はダメ人間だ」と思ってしまうのか？

そもそも、なぜ自分はダメな人間だと考えてしまうのでしょうか？

その理由は、二つあります。

一つは、人は、「グループに属していたい」と本能的に思うからです。

原始時代、人間は、いまの野生の猿のように集団で生活していました。群れから仲間外れにされると、文字通り生きていくことができなくなります。

そのために、できるだけグループの輪からはみ出さないように気をつけて行動していたはず。グループの意思に反したり、批判されたり、気分を害するようなことは極力しないようにしていたでしょう。

そうなると、「これはやっちゃダメだ」「それはやめておいたほうがいい」ということが、たえず頭の中でチラチラしていた(たぶん今も)のではないでしょうか。

もう一つの理由は、あなたの理想が不当に高いことです。

「自分は毎朝5時に起きてジョギングできるはず」

「もっと仕事ができるはず」

「恋愛もうまくいくはず」

そんなことを、根拠もなく思っているのです。

あなたの中には「ダメダメな自分」がいるとお話ししましたが、そのすぐ隣には、「完璧な理想の自分」がいます。このすごい人がいるために、ダメダメな自分が生まれ、いつも自己卑下《ひげ》しているといってもいいのです。

つい「完璧で素晴らしい理想の自分」と比べて、「なんで今の自分はこんなにイケてないんだろう」と思ってしまうのです。

もしも、たいして期待していなければ、ダメな自分にも、それほどがっかりすることはないでしょう。

□自分の弱さを認めると気持ちが楽になる

あなたのまわりを見まわして、完璧な人間なんているでしょうか？

すごい先輩や上司、同僚でも、そんな人はいません。遠くから見ていると「すごい人」に見えても、近くに寄ったら、意外に、たいしたことなかったりするのです。

それどころか、すごい人ほど、全然できないところもあったりします。天才は、常識がないから天才になれたのです。

僕たちは、いいところもあるけど、ダメダメなところもいっぱいある存在なのです。

失敗したり、言われたことができなかったり、忘れ物したり、下手な嘘をついてしまったりして、あとで気まずい思いをしたりします。

それでも、がんばって、人によくしようと無理をしたりして、なんとか生きています。

それが、人類のほとんどの生き方だと思います。もちろん、もっとよくできる人、逆にもっとズルい人、できない人もいるでしょう。そういう人が78億人集まって、この地球で生きているのです。

もし、いま生きている人たちが、優秀ですごければ、とっくに世界の問題は解決しています。あなたの両親や先生たちを見たらわかるでしょう。偉《えら》そうなことを言っても、できていないことばかりです。

自分にもブーメランが返って来そうなので、あらかじめ言っておきますが、僕も失敗ばかりしています。頼まれていたことを忘れていたり、ダブルブッキングして、お客さんが玄関で鉢合わせしたり、冷や汗をかくようなミスを連発しています。

僕の会社のスタッフにも、「あの件どうなった?」と聞かれ（うちのオフィスでは、みんなタメ語で仕事しています）、「ええ？　あれって、何だっけ?·?」としどろもどろに僕が答えることも、しょっちゅうです。そんなときは、「ごめん、忘れてた。許してね。だって人間だもの」と、相田みつを風にごまかしながら謝《あやま》ります。みんな、優しく許してくれているようです（たぶん……）。

そうやって、お互いがダメなところを認め合い、許し合い、フォローし合うのが、チームのよさだと思います。それでいて、できるところを伸ばし合えたら最高ですね。

そのためには、自分の間違いや弱さを認められる強さが必要です。

僕たちは、ごく小さい頃から「間違いは許されない」という文化で育っています。「ＡＢＣＤの中から正解を選べ」と言われ、黒ひげゲームで剣を樽《たる》に刺すストレスを毎回感じているのです。間違えたらとんでもないことが起きる、というストレスを、僕たちは20歳までに何千回感じてきたことでしょうか。

20代のあなたは、まだそのトラウマから抜け切っていないと思います。僕も30年たった今でも、高校の試験を受けている夢を見ることがあるぐらいです。そういうときは、ハッと目が覚《さ》めて、「50代でよかったぁ〜」と、いまの幸せを噛《か》みしめます（笑）。

失敗したらダメなメンタリティーを、どのタイミングで手放すかです。失敗してもＯＫになるには、しばらくリハビリが必要かもしれません。

「何かうまくいかないことがあっても、大丈夫」と感じられるまでには、もう少し時間が必要かもしれません。

□セルフイメージを高めるには？

「セルフイメージが低いんですけど、どうしたら高められますか？」

とよく聞かれます。自分に自信がないために、なにかやりたいことがあっても、それができないと思って、自信を持てるようになりたいと思うようです。

「セルフイメージ」というと、自分にどれだけ自信があるかだと考える人が多いのですが、その意味で言うなら、自信のあることがいいとは言い切れないと僕は思っています。

たとえば、知らない人がたくさんいるパーティーに行って、そこにいる人たちの輪に溶《と》け込もうとするとき、「セルフイメージが高くないと積極的になれない」ということがあるかもしれません。

でも、同時に自称セルフイメージが高い人に対して、尊敬の念ばかりではないはずです。

ちょっと傲慢《ごうまん》な感じがして、「好きになれない」かもしれません。

そういう人は、「私はすごい」「オレは偉い」みたいなオーラが出ていて、まわりからは案外、引かれています。そういう人は、セルフイメージが高いのではなくて、自意識が強いだけです。

セルフイメージが高い状態とは、自分らしくいられることです。知らない人たちの中に入っても、自然に会話ができる感じです。なにも自信満々である必要はありません。どんなにすごく見える人でも、その人はその人なりにダメだと思っていることがあるものです。

セルフイメージとは、自分にふさわしいものが何か、ということです。

高価なものを身につけるだけでは、セルフイメージは高まっていきません。

セルフイメージを高める一番の方法は、つき合う人を変えることです。

素晴らしいもの、素晴らしい人たち、素晴らしい仲間、素晴らしいパートナー……自分にふさわしいものを増やすことで、自然にセルフイメージは高まっていくでしょう。

〔16〕

迷ったら、飛び込む！

□いっぱい迷うことが多いのが人生

これからの人生で、あなたは、「想定もしなかったようなこと」をたくさん体験していくでしょう。それが、人生の楽しさでもあり、苦しいところでもあります。

恋愛でも仕事でも、いろいろなハプニングを体験することになるでしょう。

住む場所にしても、10年後には、国すら変わっているかもしれません。

いまと違うパートナーと一緒にいて、違う街に住み、違う仕事をしている自分の未来をあなたは想像できるでしょうか。ひょっとしたら自分の性別さえ、変わっているかもしれませんよね。20代は、ほんの10年で、いまでは想像もできないような人生を送る可能性があるのです。

これからの人生で、あなたが決めることがたくさん出てきます。

□新しい仕事を引き受けるかどうか
□転職するかどうか
□独立するかどうか
□「つき合ってくれ」と言うかどうか
□「つき合ってくれ」と言われて、「はい」と言うかどうか
□結婚するかどうか
□子どもを持つかどうか

これから、「新しいプロジェクトに誘われる」といった小さなことから、「プロポーズされる」という大きなことまで、あなたは、何百回も決断を迫られます。

それをすべて、いつも2秒で決められたら理想ですが、そんな人はいません。

たいていの人は、決める前に迷うものです。

「これは引き受けたほうがいいのだろうか」

「これは、やったほうがいい」

「これは、言わないほうがいいかな」

「ＹＥＳ」と言うか「ＮＯ」と言うかで、その後の展開は全然違ってきます。

目の前の選択肢に迷いながらも、選択をしてきます。その選択肢の掛け算によってできてくるのが、あなたの人生になることを理解しておきましょう。

迷っているのは、あなただけではありません。

世界的な偉人も、いろんな分野の第一線で活躍している人も、みんな迷っています。

一国の首相や大統領だって、大会社の社長だって、いろんな決断に迷っています。

あなたのお父さんもお母さんも、迷いながら生活していると思います。

いまは、人類全体が迷っているといっても過言ではありません。

若いうちは特に、迷うのが普通です。

なので、あなたが迷うのは当たり前なのです。

でも、迷ったときに、どうやって決めるのか、自分なりの方法を考えておくことは大切です。それについてお話ししましょう。

□ 迷ったとき、どうやって決めるか

さんざんに迷った挙げ句、どうしても答えが出ないことがあります。
そうしたときには、どうすればいいのか、僕のとっておきの秘訣を教えちゃいます。
そのやり方を一つ知っておくと、気持ちが楽になると思います。
僕は、そういうときにはコイン・トスをして決めています。
やり方は簡単です。
コインを投げる前に、表が出たらどうするかを決めておきます。
表が出たら「ＹＥＳ」、裏が出たら「ＮＯ」と決めて、たとえば、
「新しいプロジェクトをやるかどうか、運命の神様、決めてください！」
と言ってコインを投げるのです。

テーマは、「プロポーズを受ける」「引っ越しする」「海外旅行に行く」と、何でもいいので、コインを投げてみるのです。

そして、コインの結果を見て、決めます。

「そんなことで決めていいんですか」と思うかもしれませんが、もう少し説明してみましょう。

コインの答えが「YES」となったとします。その結果を見て、「だったら、やってみよう」と思ってワクワクするのか、「いや、それはやっぱりやりたくない。神様、ごめんなさい」と思うのか。その感覚によって、自分の本当の気持ちがわかります。

コインの出た通りに、「やってもいい」と思うなら、それは「YES」です。逆に、「どうしてもイヤだ。コインには従いたくない」と思ったら、それが本音です。

コイン・トスは、「運の神様に決めてもらう」ためにやるのですが、それをやることで、自分の本当の気持ちが浮き彫りにされるのです。

方法はコイン・トスでも何でもいいのです。自分の本音がわかるやり方を一つ、決めておくのです。

16 迷ったら、飛び込む！

迷ったときには「期限を決めておく」というのも、一つの方法です。

たとえば、「迷っても、最大1日」とするのはどうでしょうか。

1日で答えが出ないものは、1週間、1ヵ月迷っても、やっぱり答えは出ないものです。ずるずる先延ばしにはしないほうがいいでしょう。

僕は、一晩はおいて、次の日の朝に決めるのがちょうどいいと思っています。頭で考えずに、より直感で決めやすいからです。

どう選ぶか、どう決めるか、それを行動に移すのも、移さないのもあなたです。

慣れてくれば、たいていのことは、だいたい1分で決められます。

これからの長い人生、迷うこととの時間が減らせたら、何十日も得することになります。

20代のうちから、あなたなりのシステムをつくっておきましょう。

成功している人は、だいたい自分のやり方があるので、聞いてみるのもいいと思います。

そのうちにピンとくるのを、あなたのやり方として採用すればいいのです。

□失敗しない計算ばかりしていると、人生がつまらなくなる

「失敗したら、それが汚点《おてん》となって、のちのち恥ずかしいんじゃないか？」

「告白して断られたら、みんなに知られてしまうんじゃないか？」

「転職するといったら、上司は何と言うだろうか？」

何か行動を起こそうと思うと、頭の中で、いろいろなシミュレーションが始まります。どうすればリスクをとらないですむか。恥ずかしい思いをしないですむか。

さまざまな計算が働きます。

とくに若いときほど、計算してしまうものです。

僕のメンターのアメリカ在住の吉田潤喜《じゅんき》さんは、19歳のときに単身京都から渡米、ゼロからヨシダソースを世界中に展開し、ソース王と言われる人物です。経営は直感だという

話をいつもされています。対談させていただいたとき、

「アメリカでMBAを取っていたら、どんな経営者になっていたと思いますか?」

と聞いたところ、

「それだけ賢かったら、ワシ、ソース屋なんかやらへんかったと思う」

と言われたので、会場が爆笑になりました。

「どう考えても、素人がつくったソースが、スーパーに並んでいるキッコーマンとかハインツと同じ棚に入っていけるはずがない」というのです。

計算したりシミュレーションしたり、「失敗したらどうしよう」と思っているうちは、絶対に起業することはできないと言っていました。うまくいくかどうかではなく、「失敗してもいいからやりたい」という気持ちにならないと、道は開けないのです。

吉田さんは、「情熱に99パーセントはない。100パーセントしか情熱とは言わない」と思って、ものすごい熱量で仕事をしてきたそうです。

そういう一生懸命な姿を見たのが、当時まだ2店舗しかなかったコストコの創業者ジェイムズ・セネガル氏でした。吉田さんの情熱に感動したセネガル氏は、「自分にも夢がある。

世界中にコストコのお店を展開できたら、すべての店舗で吉田ソースを並べるから！」と約束してくれたそうです。

それから40年近くがたちましたが、コストコは世界に約800店舗に拡大しました。いまだにセネガル氏の約束通り、吉田ソースは世界のコストコのすべての店舗に入っているそうです。素敵な話ですね。

それは、吉田さんが計算なしに情熱で走り抜いた結果、起きたことです。

人目を気にして、自分の頭の中でシミュレーションして、失敗しないようにすると、たしかに失敗が少ない人生にはなるでしょう。でも、それでは、つまらない人生になってしまいます。

それが成功するかどうかを気にしないぐらい情熱的にやってみないと、幸せな人生、面白い人生にはならないのです。

□何も計算せずに、面白そうなことをやってみよう

いままでの自分の殻《から》を破《やぶ》りたかったら、いままでのルールを変えなければなりません。

そのためには、自分がふだんしないようなことをやってみることです。

もちろん犯罪になるようなことはダメですが、常識では考えられないようなことをやれるのも、20代の特権です。

他の人からすれば、「それほどのことでもない」というようなことでもいいのです。人に言ったら笑われてしまいそうな、バカげたことをやってみましょう。

そうして、「恥ずかしいこと」や「情けないこと」を体験してください。とことんバカになってみる、ということです。計算なしの、心で感じることをやってみるのです。

たとえば、「大道芸人をやってみる」とか、「自転車で全国をまわる！」「お金を持たずに、

世界に飛び出す」といった常識はずれなことを考えてみましょう。

それで、たぶんいっぱい失敗すると思います。

たとえば、大好きな人にフラれたり、パーティーを企画したのに誰も来なかったり、投資してもらってビジネスを始めたのに失敗したり、といったものです。

「投資してもらって失敗したらダメじゃないですか」と思うかもしれません。

それはもちろん、その通りです。それでも20代であれば、いくらでもやり直しがききます。責任は負わなければなりませんが、その体験が、次の成功を呼ぶこともあります。

僕は20歳のときに、アメリカ一人旅に行きました。お金も持たず、英語もまだそれほどできるわけでもなく、知り合いもいませんでした。

まわりの人たちには、それこそ「バカげたこと」をするように思われたのかもしれないし、実際に、僕のことを心配して「やめたほうがいい」と言ってくれた人もいました。

そして案の定《じょう》、ニューヨークのバスターミナルで置き引きに遭い、なけなしの全財産を盗《と》られてしまいました。知らない街で頼れる人もいなくて、本当に困りました。でも親切な人はいるもんですね。通りがかりの人がお金をくれて、ピンチを乗り切りました。

その後、長距離バスで親しくなったおじいさんにごはんをご馳走してもらったり、その人の家に泊めてもらったりしました。人の厚意に甘える素晴らしさを体験できました。それを20代で体験できたことで、人生への恐れがなくなりました。あの置き引きに遭ったときの心細さに比べたら、たいていのことは大丈夫だと思えるからです。

失敗なんてしないほうがいい。僕も同感です。けれども、それを恐れていたら、何もできません。いちばんつまらないのが、恥ずかしいことも失敗もないまま終わる人生ではないでしょうか。

失敗がなければ、成功もないのが人生です。

ただ、海外での行動には、十分注意してくださいね。テロが頻発《ひんぱつ》する地域を旅したり、女性が危険な場所を一人旅するのは、単なる自殺行為です。それは、ただの無知による無謀な行為で、誰のためにもならないことを覚えておいてください。

〔17〕

「人生の目的」を考え始める

□どうやったら、人生の目的は見つかるのか？

20代にとって大切なこと――最後の章は、「『人生の目的』を考え始める」をテーマにして話したいと思います。

あなたは、人生の目的について考えたことがありますか？

人生の目的とは、自分は何のためにこの世に生まれたのか、という問いに対する答えです。人生を生きていく理由、あなたが生きる意味とも言えるでしょう。

あなたにとって、人生の目的が何かわかっていますか？

「人間はただ生まれ、そして死ぬものだ」という人生観を持っている人もいます。あるいは、忙しすぎて、人生の目的を考えることなく生きている人も多いと思います。

あなたのこれからの長い人生で、何のために自分は生きているのかについて考えるときは、何度かやってくるでしょう。たいていは、ネガティブなことが起きたときです。仕事で大きなミスをした、恋愛で失敗した、離婚、病気、事故、子どもが口を聞いてくれない、両親の死……。そういう人生のつらい時期に、「なんで、自分は生きているんだろう？」と、ふと考えるようになるのです。

そういうときに、自分なりの答えがわかっていないと、なんとも虚しい気持ちになります。早熟な人は、10代でそれを感じたことがあるかもしれません。

人生の目的が見えないまま生きると、どこかのタイミングで、うつっぽくなってしまいます。なぜなら、毎日の生活が無駄に思えて、苦しくなるからです。

人間は、自分の人生に意味を見出したいものなのです。そこが、他の動物とは違う部分でもあるでしょう。猫や犬は、「なんで自分は生まれてきたんだろう？」と、クヨクヨ悩むことはないのです。実際にいたら可愛いですけどね（笑）。

この章では、あなたの人生の目的を見つけるためのヒントについて、いくつか話しておきたいと思います。

人生の目的は、その人によって全然違っていいと思います。

「自分が生まれたのは、子どもを育てるためだ」

「音楽をつくって、多くの人を癒やす」

「世界と日本をつなぐ」

「ペットの殺処分を減らす」

「虐待される子どもを守る」

そんな感じで、千差万別です。

「人生の目的」は、一生懸命探し求めて見つかるというものではありません。考えて、正解を出すというものではないのです。

「人生の目的」は感じるものです。なにげない日常の中で、ふとしたときに、「ああ、自分はこのために生まれてきたのか」とわかるのです。

60歳になっても見つからない人もいれば、15歳で人生の目的を見つけてしまう人もいます。一度は見つけたと思っても、そのうちに見失ってしまい、20年たって同じものが戻ってくることもあります。

「自分は、何のために生まれてきたのか」

「この人生を、どう生きたいのか」

すぐに答えが見つからなくても、「人生の目的」は、これからの一生のテーマとして意識しておくといいと思います。

人生の目的は、一人でいるときよりも、誰かと一緒にいるときのほうが、見つかりやすいかもしれません。

「あなたのおかげで、うまくいったよ」

「本当に感謝しています」

「人生が変わりました」

そんな予想外の感謝の言葉を相手から言われたときに、あなたにとってごく当たり前のことが、すごいインパクトを与えていることに、びっくりするかもしれません。

そして、それがまさしくあなたの「人生の目的」だとわかることがあるのです。

□いちばん苦しんだことに「人生の目的」のヒントがある

人に感謝されたり、ほめられたりしたことで、「人生の目的」は感じるものだとお話ししました。では、つらいことや苦手なことからは、「人生の目的」は見えてこないのかと言えば、そんなことはありません。

むしろ、人生でいちばんつらかった体験から、人生の目的を見出す人もたくさんいます。

たとえば、あなたが過去病気になった体験は、大きなヒントになります。

子どもの頃に、ひどいアトピーになって、学校を休学しなければいけないほどだったというような体験は、その後のあなたの人生に大きな影響を与えます。

治療の過程で尊敬できる医師と出会い、自分もそういうドクターになりたいという人がいます。過酷な体験がなければ、自分も医師になろうとは思わなかったでしょう。

小学生の頃のいじめられた体験により、カウンセラーになった人もいます。自分と同じような体験をしてほしくないと、学校にカウンセリングの仕組みを提案するような人は、まさしく人生の目的を生きています。

見方を変えれば、人生であなたがやらなければいけない役割があって、それをやりきるためには、そういう体験をさせられたとも言えるでしょう。

子どもの頃のつらい原体験があるからこそ、普通の人にはわからないことがあります。だからこそ、いま苦しんでいる人の力になれるのです。

これからの人生で、「なんで、こんな目に遭うのか」と思うような体験をすることがあるかもしれませんが、そこに人生の目的が隠されている可能性があることを思い出してください。

人の痛みがわかるというのは、人間にとって尊いことだと思います。

人に共感することによって、あなたはもっと優しい人間になれるでしょう。

□宿命と運命をどう考えるか

人生には、変えられるものと、変えられないものがあります。

両親や家柄、自分の容姿、生まれつきの健康状態や頭のよさといったものは、自分では選べないし、変えようがないものです。それを「宿命」といいます。

「こんな親じゃないほうがよかった……」

「もっといい家に生まれたかった……」

「もっと美人だったら……」「もっとカッコよかったら……」

「もっと健康だったら……」「もっと頭がよかったら……」

言いたくなる気持ちはわかりますが、それを言っても、何も変わりません。

宿命は、文句を言って拒絶するか、黙って受け入れるしかないのです。

でも、人生は、自分の意思で変えていくことができます。

その最初のステップが、自分の宿命を受け入れることです。自分の宿命を受け入れて、そこから人生を変えようとすると、人生は違ったように見えてきます。

あなたが変えられるものを運ぶ命と書いて、「運命」といいます。どう時間を過ごすか、誰と会って何をするかは、あなたが決められます。その積み重ねが人生をつくるわけで、宿命がどうであれ、あなた独自の人生を切り開くことができます。


あなたが生まれてから死ぬまでの時間が人生です。そのあいだには、自分では、どうしようもないことが、いくつもあります。自分の努力や裁量ではいかんともしがたいことが起こるのです。時代の変化に巻き込まれて、翻弄《ほんろう》されたりします。

けれども、そのどうしようもない状況、環境の中で、自分は何を選び、そこで何をするのかで、あなたの人生が変わっていきます。

この宿命と運命のつながりを意識しておくと、あなたに何ができるか、できないかがはっきりわかってきます。

□自分にとっての素晴らしい人生をスタートさせる

あなたにとって、素晴らしい人生とはどんな人生でしょうか？

「いい仕事をして、たくさんお金が稼げる人生！」

「お金は、そんなになくてもいいから、自分の好きなことができる人生！」

「人に頼られて、社会に何かを残せる人生！」

幸せの基準は、人によって違います。

とくにこれからは、時代が変わって、生き方や働き方の選択肢も増えるでしょう。

これまでのように、学校に行かなくてもよくなるかもしれません。

就職しなくてもいい、結婚しなくてもいい、子どもがいなくてもいい。人生は人それぞれでいい、ということが当たり前になっていくでしょう。

人生は、自分が幸せだと思えるなら、それがベストです。

選択肢は広がり、価値観も人それぞれで、「幸せ」のかたちは、これから大きく変わっていくでしょう。

あなたは、自分が幸せになる生き方を選択していいのです。

人生の目的とは、「自分にとっての幸せを見つけること」です。

もう誰かのルールで生きる必要はありません。

そうしなくてもいい新しい時代が、すぐそこまで来ています。

いままでなら、新しい生き方を選択するのは大変でした。

けれども、激動の時代を迎え、標準がなくなりました。

いまこそ、何にもとらわれず、あなたらしい人生をスタートするチャンスです。

20代という絶好のタイミングで、その一歩を踏み出してください。

おわりに――人生を切り開いていこう！

最後まで読んでくれて、ありがとうございました。

さあ、いまのあなたは、どんな気分でしょうか。

これからの人生に対して、

「楽しんでみよう」「ワクワクしてきた」「うまくいきそうな感じがする」

と思い始めていたら、著者としてとっても嬉しいです。

まだ不安はあるかもしれません。あなたが真剣に、自分の人生と向き合えば、不安は出てきて当然です。一生懸命になればなるほど、心配も生まれます。

いろんなことが起きますが、あなたさえ意識すれば、人生は本当に素晴らしいものをもたらしてくれます。

あなたは、自分の人生を切り開いていくことができます。

途中で時代の波をかぶったり、思わぬ方向に流されることもあるでしょう。

波にのまれるか、波乗りを楽しむかは、あなた次第です。

これまでの人類の歴史で、「もう世界は終わる」ということが何度もありましたが、そのつど、なんとか切り抜けています。

今回も、きっとうまくいくでしょう。

あなたは、多くのドラマを乗り越えて、素敵な思い出がいっぱいの人生を送ることになると思います。僕は、そう信じています。

あなたの人生の可能性の扉が、次々に開いていきますように。

あなたに心からの愛と祝福を送ります。

本田 健

○ 著者プロフィール

本田 健（ほんだ・けん）

作家。神戸生まれ。経営コンサルタント、投資家を経て、現在は「お金と幸せ」をテーマにした講演会やセミナーを全国で開催。 インターネットラジオ「本田健の人生相談」は4600万ダウンロードを記録。 著書は、『ユダヤ人大富豪の教え』『20代にしておきたい17のこと』（大和書房）、『大富豪からの手紙』（ダイヤモンド社）、『きっと、よくなる!』（サンマーク出版）、『大好きなことをやって生きよう!』（フォレスト出版）など200冊以上、累計発行部数は800万部を突破している。2019年6月にはアメリカの出版社Simon & Schuster社から、初の英語での書き下ろしの著作「happy money」をアメリカ・イギリス・オーストラリアで同時出版。その他ヨーロッパ、アジア、中南米など、世界25カ国以上の国で発売されている。

本田健公式サイト http://www.aiueoffice.com/

20代にとって大切な17のこと

2021年 2 月25日　初版第 1 刷発行
2024年11月 1 日　初版第15刷発行

著　者　本田 健

発行者　櫻井秀勲
発行所　きずな出版
東京都新宿区白銀町1-13　〒162-0816
電話 03-3260-0391
振替 00160-2-633551
https://www.kizuna-pub.jp/

ブックデザイン　福田和雄（FUKUDA DESIGN）
編集協力　ウーマンウエーブ
印　刷　モリモト印刷

ISBN978-4-86663-134-9

きずな出版